Dr. Jaerock Lee

Våg og Bed

URIM
BOOKS

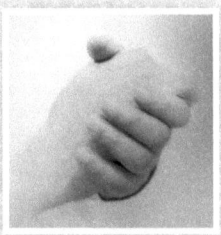

*Han [Jesus] kommer tilbage til sine disciple
og finder dem sovende, og han sagde til Peter:
"Så kunne I da ikke våge
blot en time sammen med mig?
Våg, og bed om ikke at falde i fristelse.
Ånden er rede, men kødet er skrøbeligt."
(Matthæusevangeliet 26:40-41)*

Våg og Bed af Dr. Jaerock Lee
Udgivet af Urim Books (Repræsentant: Kyungtae Noh)
73, Yeouidaebang-ro 22-gil, Dongjak-gu, Seoul, Korea
www.urimbooks.com

Alle rettigheder er reserveret. Denne bog eller dele heraf må ikke reproduceres, lagres eller transmitteres på nogen måde, hverken elektronisk, mekanisk, som kopi eller båndoptagelse uden skriftlig tilladelse fra udgiveren.

Medmindre andet bemærkes er alle citater fra Bibelen, Det Danske Bibelselskab, 1997.

Copyright © 2017 ved Dr. Jaerock Lee
ISBN: 979-11-263-0203-1   03230
Oversætteses Copyright © 2011 ved Dr. Esther K. Chung. Brugt med tilladelse.

Tidligere udgivet på koreansk af Urim Books i 1992

Første udgivelse: *Januar, 2017*

Redigeret af Dr. Geumsun Vin
Design: Redaktionsbureauet ved Urim Books
Tryk: Prione Printing
For yderligere information: urimbook@hotmail.com

En kommentar til denne udgivelse

Gud befaler os at bede uden ophør. Han fortæller os på mange måder, hvorfor vi bør gøre det, og advarer om, at vi må bede for ikke at falde ind i fristelse.

For et stærkt menneske med godt helbred er det en let og naturlig opgave at trække vejret regelmæssigt. På samme måde er det helt naturligt og ubesværet for et spirituelt menneske at leve ved Guds ord og bede konstant. I den udstrækning et menneske beder, vil han have et godt helbred og alt vil gå ham vel. Også hans sjæl vil trives. Man kan derfor ikke lægge for stor vægt på bønnens betydning.

Mennesker holder op med at trække vejret, når deres liv slutter. På samme måde vil et menneske, hvis ånd er død, ikke være i stand til at tage et spirituelt åndedrag. Menneskets ånd døde på grund af Adams synd, men de mennesker, som senere har fået genoplivet deres ånd ved Helligånden, må ikke undlade at bede, så længe deres ånd lever, ligesom man ikke kan holde en pause i sin vejrtrækning.

De nye i troen, som netop har taget imod Jesus Kristus, er ligesom spædbørn. De ved ikke, hvordan man beder, og de synes ofte, at det er anstrengende. Men hvis de bliver ved og sætte deres lid til Guds ord om at bede uophørligt, vil deres ånd vokse og blive styrket i takt med deres indtrængende bønner. Disse mennesker vil indse, at de ikke kan leve uden at bede, ligesom man ikke kan leve uden at trække vejret.

Bøn er ikke kun vores spirituelle vejrtrækning, men også en kommunikationskanal mellem Gud og hans børn, og den skal være åben. I nutidens moderne familier er der mange forældre og børn, som ikke længere taler sammen. Den gensidige tillid er blevet ødelagt og forholdet er en ren formalitet. Men der er ikke noget, vi ikke kan sige til vores Gud.

Vores almægtige Gud er en kærlig Fader, som kender og

forstår os, holder øje med os til hver en tid og ønsker at vi skal tale med ham igen og igen. Bønnen er derfor en nøgle til at åbne og lukke døren til den almægtige Guds hjerte, og den er et våben, der går hinsides tid og sted for alle troende. Har vi måske ikke set, hørt om eller oplevet utallige kristne, som har fået forandret deres liv, og har vi ikke set verdenshistorien ændre sig på grund af kraftfuld bøn? Hvis vi ydmygt beder om Helligåndens hjælp i vores bønner, vil Gud fylde os med ånd, lade os forstå sin vilje med større klarhed, og gøre os i stand til at overvinde den fjendtlige djævel og sejre i denne verden. Men hvis man ikke får Helligåndens vejledning, fordi man ikke beder, vil man være overladt til sine egne tanker og teorier, og komme til at leve i usandheden, som står i modstrid med Guds vilje, og så vil det være vanskeligt at opnå frelse. Derfor står der i Kolossenserbrevet 4:2 i

Bibelen: *"Vær udholdende i bøn, våg med bøn og tak."* og i Matthæusevangeliet 26:41: *"Våg, og bed om ikke at falde i fristelse. Ånden er rede, men kødet er skrøbeligt."*

Guds enbårne søn Jesus gennemførte alle sine gerninger i overensstemmelse med Guds vilje på grund af bønnens kraft. Før vor Herre Jesus begyndte sit offentlige virke, fastede han i 40 dage. Han udviste et eksempel på et liv i bøn ved at bede, når som helst det var muligt for ham gennem sit tre år lange virke.

Vi kan se, at mange kristne ikke anerkender bønnens betydning, men der er også mange af dem, som ikke får svar fra Gud, fordi de ikke ved, hvordan man skal bede i overensstemmelse med Guds vilje. Jeg har gennem lang tid sit og hørt om mange af disse mennesker, og det knuser mit hjerte, men jeg glæder mig over nu at kunne udgive denne bog om bøn, baseret på mere end 20 års præstegerning og direkte oplevelser.

Jeg håber, at denne lille bog vil være til hjælp for alle læsere med henblik på at møde og opleve Gud, og leve et liv i kraftfuld bøn. Må enhver læser være vågen og bede uophørligt, sådan at han vil have et godt helbred, alt vil ham vel, og hans sjæl vil trives. Det beder jeg om i vor Herres navn!

Jaerock Lee

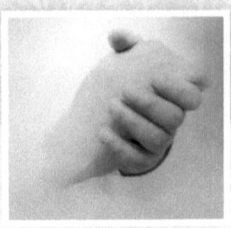

Indholdsfortegnelse
Våg og Bed

En kommentar til denne udgivelse

Kapitel 1
Bed, søg og bank på • 1

Kapitel 2
I skal tro, at I har fået • 19

Kapitel 3
Bønner som behager Gud • 31

Kapitel 4
Bed om ikke at falde i fristelse • 51

Kapitel 5
Den retfærdiges bøn • 67

Kapitel 6
Bøn i enighed har stor kraft • 79

Kapitel 7
Bed uophørligt, og giv ikke op • 93

Kapitel 1

Bed, søg og bank på

"Bed, så skal der gives jer;
søg, så skal I finde;
bank på, så skal der lukkes op for jer.
For enhver, som beder, får;
og enhver, som søger, finder;
og den, som banker på, lukkes der op for.
Eller hvem af jer vil give sin søn en sten,
når han beder om et brød,
eller give ham en slange,
når han beder om en fisk?
Når da I, som er onde, kan give jeres børn gode gaver,
hvor meget snarere vil så ikke jeres fader,
som er i himlene,
give gode gaver til dem, der beder ham!"

Matthæusevangeliet 7:7-11

1. Gud giver gode gaver til dem, der beder ham

Gud ønsker ikke, at hans børn skal lide under fattigdom og sygdom. Han vil, at alt i deres liv skal gå dem godt. Men hvis vi bare læner os tilbage uden at gøre os nogen anstrengelse, vil vi ikke høste noget. Selv om Gud kunne give os alt i universet, fordi det tilhører ham, så gør han det ikke, for han vil, at hans børn skal bede, søge og opnå noget for sig selv, ligesom det gamle koreanske ordsprog: "Man giver barnet mad, når det græder."

Hvis et menneske ønsker at opnå noget, mens han står med hænderne i lommen, så er han ikke bedre end blomsterne, der er plantet i haven. Hvor ville folk blive kede af det, hvis deres børn opførte sig som planter, og brugte hele dagen på at ligge i sengen uden at gøre noget for at få tilværelsen til at fungere. Det kan sammenlignes med den dovne mand, der lagde sig under et træ for at vente på, at frugten skulle falde ned i munden på ham.

Gud vil, at vi skal være hans kloge og flittige børn, som ihærdigt beder, søger og banker på, sådan at vi kan nyde hans velsignelser og ære ham. Det er netop derfor, han befaler os at bede, søge og banke på. Ingen forældre vil give deres barn en sten, hvis det beder om et brød. Og ingen forældre vil give deres barn en slange, hvis det beder om en fisk. Selv om forældrene er onde, vil de alligevel ønske at give deres børn gode gaver. Så mon ikke også vores Gud, der elsker os så højt, at han har givet os sin enbårne søn til at dø på vores vegne, vil give sine børn gode gaver, når de beder ham?

I Johannesevangeliet 15:16 fortæller Jesus os: *"Det er ikke jer, der har udvalgt mig, men mig, der har udvalgt jer og sat jer til at gå ud og bære frugt og blive ved med at bære frugt, så Faderen kan give jer, hvad som helst I beder om I mit navn."* Dette er den almægtige og kærlige Guds højtidelige løfte: at når vi ihærdigt beder, søger og banker på, så vil han åbne himlens porte, velsigne os og endda svare på vort hjertes ønsker.

Lad os lære at bede, søge og banke på ud fra det tekststykke, som dette kapitel er baseret på, sådan at vi kan få alt det, vi beder Gud om til hans ære og vores egen store glæde.

2. Bed, og du vil få

Gud fortæller folk at de skal bede, og så vil de få. Han ønsker at alle skal blive velsignede og få alt det, de beder om. Så hvad siger Gud, at vi skal bede om?

1) Bed om Guds styrke og om at se hans ansigt

Efter at Gud havde skabt himlene og jorden og alt i dem, skabte han mennesket. Og han velsignede det og sagde, at det skulle være frugtsommeligt og talrigt, fylde hele jorden og underlægge sig den; herske over havets fisk og himlens fugle og alt levende, der bevæger sig på jorden.

Men da det første menneske Adam var ulydigt overfor Guds ord, mistede han disse velsignelser og skjulte sig fra Gud, da han hørte hans stemme (Første Mosebog 3:8). Hele menneskeheden blev syndere, og var fremmedgjort for Gud, og de blev drevet ind på ødelæggelsens vej som slaver for den fjendtlige djævel.

Kærlighedens Gud sendte sin søn Jesus Kristus til jorden for at frelse disse syndere, og åbnede dermed døren til frelse. Når som helst nogen tager imod Jesus Kristus som deres frelser og tror på hans navn, vil Gud tilgive ham alle hans synder og lade ham få Helligånden som gave.

Desuden vil troen på Jesus Kristus føre os til frelse og sætte os i stand til at modtage Guds styrke. Først når Gud giver os sin styrke og kraft, kan det lykkes for os at leve religiøse liv. Med andre ord kan vi kun overvinde verden og leve i overensstemmelse med Guds ord ved hjælp af nåde og styrke fra oven. Og vi har behov for at modtage hans kraft for at kunne overvinde djævlen.

I Salmernes Bog 105:4 står der: *"Søg Herren og hans styrke, søg altid hans ansigt."* Vor Gud er "Jeg er den, jeg er!" (Anden Mosebog 3:14), himlen og jordens skaber (Første Mosebog 2:4) og han regerer over hele historien og alt i universet fra begyndelsen og til evig tid. Gud er Ordet, og ved Ordet skabte han alt i universet. Hans ord er kraft. Menneskers ord er foranderlige, de har hverken kraft til at skabe eller få ting til at ske. Til forskel fra menneskers ord, som er usande og foranderlige, er Guds Ord levende og fuldt af kraft, og det kan skabe.

Så uanset hvor magtesløs man er, kan man opleve den skabende gerning og se noget blive skabt af intet, hvis man lytter til Guds levende ord og tror på det uden at tvivle. Det er umuligt at skabe noget ud af intet, hvis ikke man tror på Guds ord. Det var derfor, Jesus sagde til de mennesker, som kom til ham: *"Det skal ske dig, som du troede"* (Matthæusevangeliet 8:13). Sammenfattende kan man sige, at det at bede om Guds styrke er det samme som at bede ham om tro.

Så hvad betyder det altid at "søge hans ansigt"? Normalt vil vi ikke sige, at vi kender nogen, hvis ikke vi kender hans ansigt. Det at søge Guds ansigt henviser til de anstrengelser, vi bør gøre os for at opdage, hvem Gud er. Det betyder, at de mennesker, som ikke tidligere har set Guds ansigt og hørt hans stemme, nu må åbne deres hjerter, søge og forstå Gud, og bestræbe sig på at høre hans stemme. En synder kan ikke løfte hovedet, og han vil forsøge at vende ansigtet bort fra andre. Når først han bliver tilgivet, vil han dog kunne løfte hovedet op og se andre mennesker.

På samme måde har alle mennesker været syndere gennem ulydighed overfor Guds ord, men hvis man bliver tilgivet ved at tage imod Jesus Kristus og bliver Guds barn ved at få

Helligånden, kan man se Gud selv, som er lys, og man kan blive anset for retskaffen af den retfærdige Gud.

Den mest afgørende grund, til at Gud befaler alle mennesker at bede om at se hans ansigt, er, at han ønsker at alle og enhver – alle synderne – skal genforenes med ham, få Helligånden, og blive sande børn, som kan se ham ansigt til ansigt. Når man bliver barn af Gud Skaberen, vil man få himlen og det evige liv i lykke, hvilket er den allerstørste velsignelse, man kan få.

2) Bed om at opnå Guds rige og retfærdighed

Et menneske, som får Helligånden og bliver Guds barn, er i stand til at leve et nyt liv, for han er blevet genfødt i Helligånden. For Gud er hver enkelt sjæl mere værdifuld end himlen og jorden, og han fortæller sine børn, at de skal bede om at opnå hans rige og retfærdighed frem for alt andet (Matthæusevangeliet 6:33).

Jesus fortæller os følgende i Matthæusevangeliet 6:25-33:

> *Derfor siger jeg jer: Vær ikke bekymrede for jeres liv, hvordan I får noget at spise og drikke, eller for, hvordan I får tøj på kroppen. Er livet ikke mere end maden, og legemet ikke mere end klæderne? Se himlens fugle; de sår ikke og høster ikke og samler ikke i lade, og jeres himmelske fader giver dem føden.*

Er I ikke langt mere værd end de? Hvem af jer kan lægge en dag til sit liv ved at bekymre sig? Og hvorfor bekymrer I jer for klæder? Læg mærke til, hvordan markens liljer gror; de arbejder ikke og spinder ikke. Men jeg siger jer: End ikke Salomo i al sin pragt var klædt som en af dem. Klæder Gud således markens græs, som står i dag og i morgen kastes i ovnen, hvor meget snarere så ikke jer, I lidettroende? I må altså ikke være bekymrede og spørge: Hvordan får vi noget at spise og drikke? Eller: Hvordan får vi tøj på kroppen? Alt dette søger hedningene jo efter, og jeres himmelske fader ved, at I trænger til alt dette. Men søg først Guds rige og hans retfærdighed, så skal alt det andet gives jer i tilgift.

Så hvad er det da at søge Guds rige, og hvad betyder det at søge hans retfærdighed? Med andre ord, hvad skal vi bede om for at opnå Guds rige og retfærdighed?

Hele menneskeheden var slaver for den fjendtlige djævel og var bestemt til ødelæggelse, men Gud sendte sin enbårne søn Jesus til jorden og lod ham dø på korset. Gennem Jesus Kristus gav Gud os den autoritet tilbage, som vi havde mistet, og lod os gå på frelsens vej. Jo mere vi udbreder nyheden om Jesus Kristus, som døde for os og genopstod, jo mere ødelægges Satans magt. Så vil det være muligt for flere sjæle at nå frelsen, og dette vil øge

Guds rige. Så at søge Guds rige henviser til at bede for sjælenes frelse og verdensmissionen, sådan at alle mennesker kan blive Guds børn.

Tidligere levede vi i mørket midt i synden og ondskaben, men gennem Jesus Kristus har vi fået kraft til at komme til Gud, som er lyset selv. For Gud hviler i godhed, retfærdighed og lys, så vi kan ikke blive hans børn, når vi er fulde af synder og ondskab.

At søge Guds retfærdighed henviser til at bede for, at den døde ånd skal genoplives og trives, og at man skal blive retfærdig ved at leve i overensstemmelse med Guds ord. Vi må bede Gud om at lade os høre hans ord og blive oplyst af det, komme ud af synd og mørke, dvæle i lyset og blive helliggjort ved at efterligne Guds hellighed.

Når vi skiller os af med kødets gerning i overensstemmelse med Helligåndens ønsker og bliver hellige ved at leve efter sandheden, opnår vi Guds retfærdighed. Beder vi om at opnå Guds retfærdighed vil vi desuden få et godt helbred og alt vi gå os godt, fordi vores sjæl trives (Tredje Johannesbrev 1:2). Derfor befaler Gud os først og fremmest at bede for at opnå hans rige og retfærdighed, og han lover os, at han derefter vil give os alt, hvad vi beder om.

3) Bed om at blive Guds arbejder og udføre gudgivne pligter

Hvis man beder om at fuldføre Guds rige og retfærdighed, må man bede om at blive hans arbejder. Hvis man allerede er det, må man oprigtigt bede om at udføre sine gudgivne opgaver. Gud belønner den, som oprigtigt søger ham (Hebræerbrevet 11:6), og han vil belønne enhver i overensstemmelse med det, vedkommende har gjort (Johannesåbenbaringen 22:12)

I Johannesevangeliet 2:10 fortæller Jesus os: *"Vær tro til døden, og jeg vil give dig livets sejrskrans."* Selv i dette liv må man være flittig, hvis man vil ind på et godt universitet eller hvis man vil opnå et legat. Og hvis man er flittig på sit arbejde, kan man få en bedre behandling, blive forfremmet eller opnå en højere løn.

På samme måde vil Guds børn få større pligter og større belønninger, hvis de er trofaste overfor deres gudgivne pligter. Denne verdens belønninger kan slet ikke sammenlignes med belønningerne i det himmelske rige, hverken med hensyn til størrelse eller herlighed. Vi må derfor alle være ivrige i troen og bede for at blive værdifulde arbejdere for Gud.

Hvis en person endnu ikke har en gudgiven pligt, må han bede for at komme til at arbejde for Guds rige. Og hvis man allerede har fået en pligt, må man bede om at udføre den på bedste vis og få større forpligtelser. En lægmand må bede om at blive diakon, mens diakonen må bede om at blive ældre. En celleleder må bede om at blive leder for et underdistrikt, lederen for underdistriktet må bede om at blive distriktsleder, og distriktslederen må bede om større pligter. Det betyder ikke, at man skal bede om at blive ældre eller diakon af titel. Nej, man skal ønske at udføre sine pligter trofast, anstrenge sig for at gøre det godt, og stille sig til rådighed i stadig større grad for Gud.

Det vigtigste for et menneske, som har en gudgiven pligt, er trofasthed, for med den kan han udføre endnu større opgaver end dem, han har på nuværende tidspunkt. Han må derfor bede om at Gud vil rose ham og sige: "Godt gjort, min trofaste tjener!"

I Første Korintherbrev 4:2 står der: *"Her kræves det så af forvaltere, at de findes tro."* Derfor må vi hver især bede om at blive Guds trofaste arbejdere i vores kirker, som er Kristi legeme, hver især på vores plads.

4) Bed om det daglige brød

Jesus blev født fattig for at forløse mennesket fra dets fattigdom. Han blev pisket og udgød sit blod for at helbrede enhver sygdom og lidelse. Så det er helt naturligt, at Guds børn er sunde og velstående, og at alt i tilværelsen går dem godt.

Gud fortæller os, at vi vil opnå disse ting, når vi beder om at opnå hans rige og retfærdighed (Matthæusevangeliet 6:33). Med andre ord skal vi først bede for Guds rige og retfærdighed, og derefter kan vi bede om de ting, som er nødvendige for at leve i denne verden, såsom mad, tøj, bolig, arbejde, velsignelser på jobbet, familiens helbred og lignende. Så vil Gud give os, sådan som han har lovet. Men vi må huske, at hvis vi beder for disse ting af lyst, og ikke for Guds ære, så vil han ikke besvare vores bønner. Bønner for syndefulde lyster har ikke noget med Gud at gøre.

3. Søg og du vil finde

Hvis man søger, betyder det, at man har mistet noget. Gud vil, at alle mennesker skal have det, de har mistet. Han befaler os at søge, så vi må først finde ud af, hvad det er, vi har mistet, sådan at vi ved, hvad det er, vi skal lede efter. Vi må også forsøge at finde ud af, hvordan vi kan finde det.

Så hvad er det da, vi har mistet, og hvordan kan vi søge det?

Det første menneske, Gud skabte, var et levende væsen, som bestod af ånd, sjæl og krop. Dette levende væsen kunne kommunikere med Gud, som er Ånd, og det første menneske nød derfor alle de velsignelse, Gud havde givet ham, og han levede efter hans ord.

Alligevel blev det første menneske fristet af Satan og var ulydig overfor Guds befaling. I Første Mosebog 2:16-17 ser vi følgende: *"Men Gud Herren gav mennesket den befaling: 'Du må spise af alle træerne i haven. Men træet til kundskab om*

godt og ondt må du ikke spise af, for den dag du spiser af det, skal du dø.'"
Selv om det er menneskets pligt at frygte Gud og overholde hans befalinger (Prædikerens Bog 12:13), overholdt end ikke det første menneske hans bud. Der skete det, som Gud havde advaret ham om, at ånden i ham døde, da han spiste af kundskabens træ, og han blev et sjæleligt menneske, som ikke længere kunne kommunikere med Gud. Desuden døde ånden i alle hans efterkommere, og de blev kødelige mennesker, som ikke længere var i stand til at gøre deres pligt. Adam blev uddrevet fra Edens Have og sendt til den forbandede jord. Både han og alle dem, som kom efter ham, måtte nu leve med sorger, lidelser og sygdomme, og de kunne kun få føde ved deres ansigts sved. Desuden kunne de ikke længere leve på en måde, som var værdig for Guds skabninger, men begyndte at anskaffe sig meningsløse ting i overensstemmelse med, hvad de selv anså for godt, og de blev korrupte.

Hvis et individ, som har mistet sin ånd, og kun består af sjæl og kød, vil begynde at leve på en måde, som er værdig for Guds skabninger, må han genvinde den ånd, han har mistet. Først når den døde ånd bliver genoplivet, bliver han et åndeligt menneske, som kan kommunikere med Gud, der er Ånd, og så vil han blive i stand til at leve som et sandt menneske. Det er derfor, Gud befaler os at søge den ånd, vi har mistet.

Gud åbnede vejen til at genoplive den døde ånd for alle mennesker, og denne vej er Jesus Kristus. Når vi tror på Jesus Kristus, som Gud lovede os, vil vi få Helligånden. Den vil komme og tage bolig i os, og bringe vores døde ånd tilbage til livet. Når vi søger Guds ansigt og tager imod Jesus Kristus efter at have hørt, at han banker på døren til vores hjerte, vil Helligånden komme og give ånden liv (Johannesevangeliet 3:6). Når vi lever i lydighed overfor Helligånden, skiller os af med kødets gerninger, lytter ivrigt til Guds ord, tager det til os, gør det til vores brød og beder for det, så vil vi med Helligåndens hjælp blive i stand til at leve efter Guds ord. Det er ved denne proces, at den døde ånd genoplives, man bliver et åndeligt menneske og genvinder Guds tabte billede.

Når vi vil spise en æggeblomme, som indeholder mange næringsstoffer, må vi først knuse æggeskallen og fjerne hviden. På samme måde må man skille sig af med kødets gerning og give liv til ånden gennem Helligånden for at blive et åndeligt menneske. Dette er den søgen, som Gud taler om.

Lad os forestille os, at alle elektriske systemer i verden blev lukket ned. Det ville ikke være muligt for selv den bedste ekspert genstarte alle systemerne selv. Han ville være nødt til at bruge lang tid på at uddanne elektrikere og fremstille de nødvendige reservedele, sådan at alle systemerne kunne komme til at fungere igen.

På samme måde er det nødvendigt at høre og lære Guds ord

for at genoplive den døde ånd og blive et fuldkomment menneske. Men det er ikke nok i sig selv at kende Guds ord. Man må også tage det til sig, gøre det til sit brød, og bede for det, sådan at man kan leve sit liv ved det.

4. Bank på, og døren vil blive åbnet for dig

Den dør, som Gud omtalte, er den, som vil blive åbnet, når vi banker på den. Så hvad er det for en dør, Gud siger, vi skal banke på? Det er døren til Guds hjerte.

Før vi banker på døren til Guds hjerte, har han banket på døren til vores hjerter (Johannesåbenbaringen 3:20). Vi har derfor åbnet vores hjertes dør og taget imod Jesus Kristus. Nu er det vores tur til at banke på. For vores Guds hjerte er større end himlen og dybere end havet, så når vi banker på denne dør, kan vi få alt.

Hvis vi beder og banker på døren til Guds hjerte, vil han åbne himlens porte og hælde skatte ud over os. Gud lukker op, så ingen lukker i, og lukker i, så ingen lukker op. Han åbner himlens porte og lover at velsigne os, og så kan ingen komme i vejen for floden af velsignelser (Johannesåbenbaringen 3:7).

Vi kan få Guds svar, når vi banker på døren til hans hjerte. Men alt efter hvor meget man banker på døren, vil man få store eller små velsignelser. Hvis man gerne vil have store velsignelser, må himlens porte åbnes vidt. Og så er det nødvendigt at være meget flittig med sin banken og behage Gud med sin ihærdighed.

For Gud glæder sig, når vi skiller os af med ondskab og lever ved hans befalinger i sandheden, så når vi lever ved Guds ord, kan vi få hvad som helst, vi beder om. Med andre ord er det at banke på døren til Guds hjerte, det samme som at leve efter hans befalinger.

Hvis vi ihærdigt banker på døren til han hjerte, vil Gud ikke irettesætte os og sige: "Hvorfor banker du så hårdt?" Det er lige omvendt. Gud vil glæde sig og få lyst til at give os det, vi beder om. Jeg håber derfor, du vil banke på døren til Guds hjerte med dine gerninger, få alt det du beder om og på denne måde ære Gud.

Har du nogensinde skudt en fugl med en slangebøsse? Jeg kan stadig huske, at jeg engang hørte en af min fars venner rose mig for mine færdigheder med en slangebøsse. Slangebøssen fremstilles ved omhyggeligt at snitte et Y-formet stykke træ og binde et stykke gummi fast på det. Derefter kan man skyde en sten af sted ved hjælp af gummiet.

Hvis jeg skal sammenligne Matthæusevangeliet 7:7-11 med en slangebøsse, så henviser det at "bede" til at finde en slangebøsse og en god sten til den. Så må man opnå færdigheder i at skyde. Hvad nytter det at have en god slangebøsse og en sten, hvis man ikke kan skyde med den? Så man vil nok have brug for at se nærmere på slangebøssen, skyde til måls efter et eller andet, og finde ud af, hvordan man bedst kan skyde fuglen. Denne proces svarer til at "søge." Ved at læse Guds ord, tage det til sig og gøre det til sit brød som Guds barn, har man dermed det rette udstyr og de rette kvalifikationer til at få hans svar.

Så hvis du har øvet dig i at bruge en slangebøsse og er i stand til at ramme med den, så er det nu, du skal skyde, og dette kan sammenlignes med at "banke på." Selv om man har en slangebøsse og en sten, og har øvet sig i at skyde med den, så kan man ikke ramme fuglen, hvis ikke man tager det første skud. Med andre ord er det først, når vi lever ved Guds ord, som vi gør til vort hjertes brød, at vi kan få svar fra ham.

At bede, søge og banke på er ikke adskilte processer, men en sammensat procedure. Nu ved du, hvad du skal bede om, søge efter, og hvor du skal banke på. Må du ære Gud som hans velsignede barn og få svar på hjertets ønsker ved flittigt og ihærdigt at bede, søge og banke på. Det beder jeg om i vor Herres navn!

Kapitel 2

I skal tro, at I har fået

Sandelig siger jeg jer: Den, der siger til dette bjerg:
Løft dig op og styrt dig i havet!
og som ikke tvivler i sit hjerte,
men tror, at det, han siger, vil ske,
for ham sker det.
Derfor siger jeg jer:
Alt, hvad I beder og bønfalder om,
det skal I tro, at I har fået,
og så får I det.

Markusevangeliet 11:23-24

1. Troens store kraft

En dag var Jesus ude at gå med sine disciple, og de hørte ham sige til et frugtløst figentræ: *"Du skal aldrig i evighed mere bære frugt!"* Senere så de, at træet var visnet helt ned til roden, og de blev overraskede og spurgte Jesus om det. Han svarede dem: *"Sandelig siger jeg jer: Hvis I har tro og ikke tvivler, kan I ikke alene gøre det med figentræet, med også sige til dette bjerg: Løft dig op og styrt dig i havet! Og det vil ske"* (Matthæusevangeliet 21:21).

Jesus har også lovet os: *"Sandelig, sandelig siger jeg jer: Den, der tror på mig, han skal også gøre de gerninger, jeg gør, ja, gøre større gerninger end dem, for jeg går til Faderen; og hvad I end beder om i mit navn, det vil jeg gøre"* (Johannesevangeliet 14:12-14), og *"Hvis I bliver i mig, og mine ord bliver i jer, så bed om, hvad I vil, og I skal få det. Derved herliggøres min fader, at I bærer megen frugt og bliver mine disciple"* (Johannesevangeliet 15:7-8).

Kort fortalt vil de mennesker, som har taget imod Jesus Kristus, få alle deres hjertes ønsker opfyldt, når de tror på Gud og adlyder hans ord, for Gud Skaberen er deres fader. I Matthæusevangeliet 17:20 fortæller Jesus os: *"Fordi I har så lille en tro. Sandelig siger jeg jer: Har I en tro som et sennepsfrø, kan I sige til dette bjerg: Flyt dig herfra og derhen! Og det vil flytte sig. Og intet vil være umuligt for jer."* Så hvorfor er der så mange mennesker, som ikke får svar fra Gud og herliggør ham til trods for utallige timer i bøn? Lad os undersøge, hvordan vi kan ære Gud og få alt, som vi beder og bønfalder om.

2. Tro på den Almægtige Gud

Fra menneskets fødes har det behov for forskellige ting for at leve, såsom mad, tøj, husly og lignende. Men det mest vigtige for at leve er at trække vejret; det gør det muligt at fortsætte eksistensen. Guds børn, som har taget imod Jesus Kristus og er blevet genfødt, har også behov for en række ting for at leve, men det mest fundamentale i deres liv er bøn.

Bøn er en kanal til dialog med Gud, som er Ånd, og den er vores ånds vejrtrækning. Det vigtigste aspekt af bønnen er, at vi tror på den Almægtige Gud af hjertets grund. Alt efter graden af tro på Gud i bønnen, kan man være stadig mere sikker på Guds svar, for man vil få svar i overensstemmelse med sin tro.

Så hvem er denne Gud, som vi sætter vores lid til?

Gud beskriver sig selv i Johannesåbenbaringen 1:8, og der står: *"Jeg er Alfa og Omega [...] Han som er og som var og som kommer, den Almægtige."* Gud optræder i det Gamle Testamente som Skaberen af universet (Første Mosebog 1:1-31). Han delte det Røde Hav og lod israelitterne, som var flygtet fra Egypten, gå over det (Anden Mosebog 14:21-29). Da israelitterne adlød Guds befalinger og gik rundt om byen Jeriko i syv dag, smuldrede Jerikos bymur bort, selv om den tilsyneladende havde været uindtagelig (Josva 6:1-21). Da Josva bad til Gud midt i slaget mod amoritterne, lod Gud både sol og måne stoppe (Josva 10:12-14).

I det Nye Testamente rejste Jesus, den Almægtige Guds søn, de døde fra graven (Johannesevangeliet 11:17-44). Han helbredte alle sygdomme og lidelser (Matthæusevangeliet 4:23-24), åbnede de blindes øjne (Johannesevangeliet 9:6-11), og fik krøblingerne til at rejse sig og gå igen (Apostlenes Gerninger 3:1-10). Han uddrev også den fjendtlige djævels kraft og alle de onde ånder med sit ord (Markusevangeliet 5:1-20), og med fem brød og to fisk brødfødte og mættede han 5000 personer (Markusevangeliet 6:34-44). Da han beroligede vinden og bølgerne, viste han os direkte, at han herskede over alt i universet (Markusevangeliet 4:35-39).

Vi må derfor tro på den almægtige Gud, som giver os gode gaver i sin rigelige kærlighed. Jesus fortæller os i Matthæusevangeliet 7:9-11: *"Eller hvem af jer vil give sin søn en sten, når han beder om at brød, eller give ham en slange, når han beder om en fisk? Når da I, som er onde, kan give jeres børn gode gaver, hvor meget snarere vil så ikke jeres fader, som er i himlene, give gode gaver til dem, der beder ham!"* Kærlighedens Gud ønsker at give sine børn de bedste gaver.

I sin overvældende kærlighed gav Gud os sin enbårne søn. Hvad mere kunne han give? I Esajas' Bog 53:5-6 står der: *"Men han blev gennemboret for vore overtrædelser og knust for vores synder. Han blev straffet, for at vi kunne få fred, ved hans sår blev vi helbredt. Vi flakkede alle om som får, vi vendte os hver sin vej, men Herren lod al vor skyld ramme ham."* Gennem Jesus Kristus har Gud beredt vejen for os, så vi kan få liv gennem døden, og blive velsignet med fred og helbredelse.

Hvis Guds børn tjener den almægtige og levende Gud som deres Fader, og tror at han arbejder for altings bedste for dem, som elsker ham og kalder på ham, så skal de ikke bekymre sig eller blive fortvivlede over fristelser og prøvelser, men i stedet være taknemmelige, fryde sig og bede.

Det er at tro på Gud, og han glæde sig over at se denne tro. Gud giver os svar i overensstemmelse med vores tro, og han lader os forherlige sig ved at give os bevis på sin eksistens.

3. Bed i tro og uden tvivl

Gud, som skabte himlen, jorden og menneskeheden, lod mennesket nedfælde Biblen, sådan at hans vilje og forsyn skulle gøres kendt for os alle. Gud viser sig også for de mennesker, som tror og adlyder hans ord, og han beviser, at han lever og er almægtig gennem mirakuløse tegn og undere.

Vi kan se, at Gud lever, bare ved at kigge på hele skabelsesværket (Romerbrevet 1:20), og vi forherliger Gud ved at modtage hans svar på vores bønner og ved at tro på ham.

Der er "kødelig tro", hvorved vi kan tro, fordi vores viden eller tanker stemmer overens med Guds ord, og der er "spirituel tro", hvorigennem vi kan få svar på vores bønner. Guds ord kan forekomme utroligt, når vi måler det med menneskelig viden og tænkning, men når vi beder til ham med tro, vil han give os tillid og en fornemmelse af sikkerhed. Disse elementer udkrystalliseres til svar, og det er spirituel tro.

I Jakobs Brev 1:6-8 står der: *"Men han skal bede i tro, uden at tvivle; for den, der tvivler, er som en bølge på havet, der rejses og brydes af vinden. Det menneske skal ikke bilde sig ind, at det får noget af Herren, tvesindet som det er og ustadigt i al sin færd."*

Tvivlen stammer fra menneskets viden, tanker, argumenter og forestillinger, og den kommer til os ved den fjendtlige djævel. Et tvivlende hjerte er tvesindet og snedigt, og Gud afskyr det. Hvor ville det være tragisk, hvis vores børn ikke stolede på os, men i stedet var i tvivl, om vi rent faktisk var deres forældre! På samme måde kan Gud ikke svare på et menneskets børn, hvis ikke det menneske er i stand til at tro på ham som sin fader, til trods for at han har båret os og næret os.

Så vi mindes om at: *"Det, kødet vil, er fjendskab med Gud; det underordner sig ikke Guds lov og kan det heller ikke. De, som er i kødet, kan ikke være Gud til behag"* (Romerbrevet 8:7-8), og vi tilskyndes på følgende måde: *"Vi nedbryder tankebygninger og alt, som trodsigt rejser sig mod kundskaben om Gud, vi gør enhver tanke til en lydig fange hos Kristus"* (Andet Korintherbrev 10:5).

Når vores tro forvandles til spirituel tro, og vi ikke har den mindste tvivl, glæder Gud sig, og så vil han give os hvad som helst, vi beder os. Når hverken Moses eller Josva tvivlede, men derimod handlede med tro, kunne de dele de Røde Hav, krydse Jordanfloden og ødelægge Jerikos mure. På samme måde kan vi sige til bjerget: Ryk dig op og kast dig i havet! Og hvis vi ikke har nogen tvivl, men tror af hjertets grund at det vil ske, så sker det.

Lad os forestille os, at vi sagde til Mount Everest: Kast dig selv i det Indiske Ocean. Ville vi så få svar på vores bøn? Det er indlysende, at hvis Mount Everest virkelig blev kastet i det Indiske Ocean, så ville det skabe et verdensomspændende kaos. For dette er ikke og kan ikke være Guds vilje, og sådanne bønner vil der naturligvis ikke komme svar på, ligegyldigt hvor meget man beder, for Gud ville aldrig give den tilstrækkelige spirituelle tro til at få det til at ske.

Hvis man beder for at opnå noget, som er mod Guds vilje, så vil den tro, som udspringer af hjertets grund, ikke komme til en. Man kan måske tro på sin bøn i begyndelsen, men snart vil tvivlen begynde at vokse. Det er først, når vi beder og bønfalder i overensstemmelse med Guds vilje uden at tvivle, at vi vil få hans svar. Så hvis man endnu ikke har fået svar på sin bøn, må man overveje, om det måske er fordi, det man beder om, ikke er i overensstemmelse med Gud vilje. Eller om man er begyndt at tvivle, eller om man har tvivlet på hans ord.

I Første Johannesbrev 3:21-22 mindes vi om følgende: *"Mine kære, hvis vort hjerte ikke fordømmer os, har vi frimodighed overfor Gud, og hvad vi end beder om, får vi af ham, fordi vi holder hans bud og gør det, som behager ham."*
Folk, som adlyder Guds befalinger og gør det, der behager ham, beder ikke om ting, som går imod hans vilje. Vi kan få hvad som helst, så længe vores bønner er i overensstemmelse med hans vilje, og Gud fortæller os: *"Alt, hvad I beder og bønfalder om, det skal I tro, at I har fået, og så får I det"* (Markusevangeliet 11:24).

Så for at få Guds svar, må man først få den spirituelle tro, som han giver os, når vi handler og lever efter hans ord. Efterhånden som vi ødelægger alle de argumenter og spekulationer, som er blevet opstillet mod kendskabet til Gud, vil tvivlen forsvinde, og man vil få spirituel tro, hvorved man kan få hvad som helst, man beder om.

4. Alt, hvad I beder og bønfalder om, det skal I tro, at I har fået

Fjerde Mosebog 23:19 minder os om at: *"Gud er ikke et menneske, så han lyver, et menneskebarn, så han angrer. Når han har sagt noget, gør han det; når han har lovet noget, lader han det ske."*

Hvis man i sandhed tror på Gud, beder med tro, og ikke tvivler så meget som et øjeblik, så vil man tro, at man får alt det, man beder og bønfalder om. Gud er almægtig og trofast, og han lover at svare os.

Hvorfor er der da så mange mennesker, som ikke får svar fra ham, selv om de siger, at de beder med tro? Er det fordi, Gud ikke svarer dem? Nej, Gud vil helt sikkert besvare deres bønner, men det tager tid, fordi de ikke har beredt sig til at være kar, der er værdige til at modtage hans svar.

Når en landmand sår sin sæd, tror han på, at han vil høste frugten, selv om han ikke kan samle den lige med det samme. Efter at sæden er sået, skal den spire, blomstre og bære frugt. Nogle former for sæd er længere tid om at bære frugt end andre. Det samme gælder, hvis man vil have svar fra Gud på sine bønner: Der skal sås og sæden skal passes.

Lad os forestille os en student, der beder om at komme ind på Harvard Universitet. Hvis han beder med troens kraft, vil Gud helt sikkert besvare bønnen. Men svaret kommer ikke lige med det samme. Gud forbereder studenten og lader han vokse sig til et kar, der er egnet til at modtage svaret. Gud giver ham den rette indstilling til at studere grundigt og flittigt, sådan at han klarer sig godt. Og i takt med studenten beder, vil Gud fjerne alle verdslige tanker fra hans sind, og give ham visdom og klarhed til at studere mere effektivt. Hvis studenten handler på den rette måde, vil Gud tage hånd om alle livsomstændigheder, sådan at alt går vel, og han vil give ham de nødvendige kvalifikationer til at komme ind på Harvard. Og når tiden er inde, vil Gud lade ham begynde på universitetet.

Det samme gælder for folk, der er ramt af sygdom. De lærer gennem Guds ord, hvorfor sygdommene kommer, og hvordan de kan helbredes. Og hvis de beder med tro, kan de blive helbredt. De må opdage den mur af synd, som skiller dem fra Gud, og få fat i roden til det problem, der har givet dem sygdommen. Hvis sygdommen er kommet af had, må de skille sig af med dette had og forandre deres hjerte, så det kun rummer kærlighed. Hvis sygdommen er kommet af overspisning, må de bede Gud om selvkontrollens kraft og dermed få styr på deres skadelige vane. Gud giver folk tro gennem sådanne processer og forbereder dem som kar til at modtage hans svar.

Hvis man beder for at ens virksomhed skal trives, er det det samme, der gælder. Når man beder om at få velsignelser gennem virksomheden, vil Gud først sørge for, at man er et kar, der er værdigt til at modtage velsignelser. Han vil give visdom og kraft, sådan at man får fremragende evner som virksomhedsleder.

Dermed vil virksomheden vokse, og man vil på forskellige måder få gode omstændigheder for forretningen. Han vil sørge for, at man får kontakt med troværdige mennesker, at indkomsten øges og at virksomheden udvikles. Og han vil besvare bønnen, når tiden er inde.

Alt dette er at så og passe sæden, og gennem denne proces vil Gud lede vores sjæl til at trives og gøre os til kar, som er værdige til at få hvad som helst, vi beder om. Derfor må vi aldrig blive utålmodige på baggrund af vores egen tækning. I stedet må vi tilpasse os Guds tidsramme og vente til tiden er inde, med tro på, at vi allerede har fået svar.

Den almægtige Gud svarer sine børn i retfærdighed i overensstemmelse med loven i det spirituelle rige, og han glæder sig, når de beder ham med tro. Hebræerbrevet 11:6 minder os om: *"Uden tro er det umuligt at behage ham; for den, som kommer til Gud, må tro, at han er til og lønner dem, som søger ham."*

Må du behage Gud ved at have den form for tro, hvormed du tror, at du allerede har fået det, du beder og bønfalder om, og forherlige ham ved at få det, du har bedt om. Det beder jeg om i vor Herres navn!

Kapitel 3

Bønner som behager Gud

Så brød han [Jesus] op og gik,
som han plejede, ud til Oliebjerget,
og disciplene fulgte med.
Da han kom derud, sagde han til dem:
"Bed om ikke at falde i fristelse!"

Og han fjernede sig et stenkast fra dem,
faldt på knæ og bad:
"Fader, hvis du vil, så tage dette bæger fra mig.
Dog, ske ikke min vilje, men din."
Da viste en engel fra himlen sig for ham og styrkede ham.
I sin angst bad han endnu mere indtrængende,
og hans sved blev som bloddråber, der faldt til jorden.

Lukasevangeliet 22:39-44

1. Jesus viser et eksempel på korrekt bøn

Lukasevangeliet 22:39-44 viser os, hvordan Jesus bad i Getsemanes have, natten før han skulle tage korset og åbne vejen til frelse for menneskeheden. Disse vers fortæller os om mange aspekter af den indstilling, vi skal have, når vi beder.

Hvordan bad Jesus, sådan at han kunne tage det tunge kors og overvinde den fjendtlige djævel? Hvilken indstilling havde han, sådan at han kunne behage Gud med sin bøn, og der kom en engel fra himlen for at styrke ham?

Baseret på disse vers vil vi se nærmere på den rette indstilling i bønnen og på den form for bøn, der behager Gud. Og jeg tilskynder hver og en af læserne til selv at ransage jeres eget liv i bøn.

1) Jesus bad regelmæssigt

Gud fortæller os, at vi skal bede uden ophør (Første Thessalonikerbrev 5:17) og han lover at give os, når vi beder (Matthæusevangeliet 7:7). Selv om det er det korrekte at bede uden ophør, så beder de fleste mennesker kun, når de vil have noget bestemt eller når de har problemer.

Men Jesus brød op og gik, som han plejede, til Oliebjerget (Lukasevangeliet 22:39). Profeten Daniel knælede tre gange om dagen, bad og gav taksigelser til Gud, som han altid havde gjort (Daniels Bog 6:10), og to af Jesu disciple Peter og Johannes afsatte et bestemt tidspunkt på dagen til at bede (Apostlenes Gerninger 3:1).

Vi må følge Jesu eksempel og afsætte et særligt tidspunkt på dagen, sådan at vi kan bede kontinuerligt. Gud er særlig glad for folks bønner ved daggry, hvor de hengiver alt til Gud, og for bønner ved aftenstid, hvor de takker for Guds beskyttelse dagen igennem. Gennem disse bønner kan man få hans store kraft.

2) Jesus knælede for at bede

Når man knæler, kan man bede med det rette hjerte, og man viser ærefrygt overfor dem, man taler med. Det er helt naturligt at knæle, når man beder til Gud.

Jesus, Guds søn, bad med denne ydmyg indstilling, og han knælede for at bede til den almægtige Gud. Kong Solomon (Første Kongebog 8:54), apostelen Paulus (Apostlenes Gerninger 20:36) og diakonen Stefanus, der døde som martyr (Apostlenes Gerninger 7:60) knælede alle, når de bad.

Hvis vi beder vores forældre eller nogen med autoritet om en tjeneste eller en ting, vi ønsker, kan vi blive nervøse og være meget påpasselige med ikke at gøre nogen fejl. Så vi bør ikke være sjuskede med hverken sind eller krop, når vi beder til Gud Skaberen! Det at knæle er et udtryk for ærefrygt overfor Gud og tillid til hans kraft. Vi må sørge for at have en ordentlig fremtoning og ydmygt knæle, når vi beder.

3) Jesu bøn var i overensstemmelse med Guds vilje

Jesus bad til Gud: *"Dog, ske ikke min vilje, men din"* (Lukasevangeliet 22:42). Jesus, Guds søn, kom til jorden for at dø på et trækors, selv om han var fejlfri og skyldfri. Derfor bad han: *"Fader, hvis du vil, så tag dette bæger fra mig."* Men han vidste, at det var Guds vilje, at han skulle frelse menneskeheden, så han bad ikke for sit eget bedste, men for at Guds vilje skulle ske.

Første Korintherbrev 10:31 fortæller os: *"Enten I altså spiser eller drikker, eller hvad I end gør, skal I gøre alt til Guds ære."* Hvis vi beder om noget, der ikke er til Guds ære, men til tilfredsstillelse af lyster, så er det ikke en korrekt forespørgsel; vi må kun bede i overensstemmelse med Guds vilje. Desuden fortæller Gud os, at vi skal huske på det, der står i Jakobsbrevet 4:2-3: *"I begærer brændende, men opnår intet; I myrder og misunder, men kan intet udrette; I strides og kæmper, men opnår intet, fordi I ikke beder; eller I beder og får alligevel intet, fordi I beder dårligt, kun for at ødsle det bort i jeres lyster."* Så vi må se tilbage og undersøge, om vi kun har bedt for vores eget bedste.

4) Jesus kæmpede i bøn

I Lukasevangeliet 22:44 kan vi se, hvor oprigtigt Jesus bad: *"I sin angst bad han endnu mere indtrængende, og hans sved*

blev som bloddråber, der faldt på jorden."
Klimaet i Getsemane, hvor Jesus bad, kølede ned om natten, og det må have været vanskeligt at svede. Så vi kan forestille os, hvordan Jesus anstrengte sig i sin oprigtige og inderlige bøn, siden sveden blev som bloddråber, der faldt på jorden. Hvis Jesus havde bedt i stilhed, kunne han så have bedt så inderligt, at han var kommet til at svede af det? Nej, han råbte lidenskabeligt og inderligt til Gud, og hans sved blev som "bloddråber, der faldt på jorden."

I Første Mosebog 3:17 siger Gud til Adam: *"Fordi du lyttede til din kvinde og spiste af det træ, jeg forbød dig at spise af, skal agerjorden være forbandet for din skyld; med møje skal du skaffe dig føden alle dine dage."* Før mennesket blev forbandet, levede det i overflod med alt det, Gud havde givet ham. Da synden kom ind i ham gennem hans ulydighed overfor Gud, holdt han op med at kommunikere med sin Skaber, og han kunne kun skaffe sig føden med møje.

Hvis det, der er muligt for os selv, kun kan opnås med smerte og møje, hvad skal vi så gøre, når vi beder Gud om noget, der ikke er muligt for os selv? Husk endelig på, at det kun er, når vi råber til Gud i bøn med møje og sved, at vi kan få det, vi beder om. Husk, at Gud har sagt til os, at denne møje og anstrengelse er nødvendig for at frembringe frugt, og at Jesus oprigtigt sled og kæmpede i sin bøn. Vi må huske på dette, gøre præcis ligesom Jesus, og bede på en måde, som behager Gud.

Indtil nu har vi undersøge, hvordan Jesus bad, og vi har kigget op et eksempel for korrekt bøn. Hvis Jesus, som havde fuldkommen autoritet, bad i denne grad, hvordan skal så vi, som er simple skabninger, bede? Den ydre fremtræden og indstillingen i bønnen udtrykker vores hjerte. Så det hjerte, vi har, når vi beder, er ligeså vigtigt som den indstilling, vi beder med.

2. Grundlæggende aspekter af bøn, som behager Gud

Hvilket hjerte skal vi have, når vi beder, sådan at Gud glæder sig og besvarer vores bønner?

1) Du må bede af hele hjertet

Ved at se på, hvordan Jesus bad, har vi nu lært, at bøn af hjertets grund afspejles i den indstilling, hvormed man beder til Gud. Vi kan se på indstillingen hvilket hjerte, personen har.

Lad os se på Jakobs bøn i Første Mosebog 32. Jakob var i knibe; han havde Jabboks vadested foran sig, og kunne ikke vende tilbage, fordi han havde lavet en aftale med sin onkel Laban om ikke at krydse den grænse, de havde kaldt Gal'ed. Han kunne ikke krydse Jabbok, for på den anden side ventede hans bror Esau med 400 mænd på at fange ham. Det var en desperat situation, og Jakobs selvtillid og stolthed var fuldkommen forsvundet. Til sidst indså han, at når han overlod alt til Gud og bevægede hans hjerte, kunne alle problemer løses. Jakob kæmpede i bøn i så høj grad, at hans hofteskål gik af led, og endelig fik han svar fra Gud. Han var i stand til at bevæge Guds hjerte og blive genforenet med sin bror, som havde ventet ham.

Lad os også se nærmere på Første Kongebog 18, hvor profeten Elias fik Guds "flammende svar" til Guds herlighed. Da afgudsdyrkelsen trivedes på kong Akabs tid, kappedes Elias ene mand med 450 profeter for Baal, og overvandt dem ved at påkalde sig Guds svar foran alle israelitterne. Han bar vidnesbyrd om den levende Gud.

Det var dengang, Akab troede, at profeten Elias var ansvarlig for den 3½ år lange tørke, som var kommet over Israel, og han ledte efter ham. Men Gud befalede Elias at opsøge Akab, og han adlød straks. Da profeten gik frem for kongen, som var ude på at slå ham ihjel, fremsatte han frimodigt alt det, som Gud havde sagt ham, at han skulle sige, og han fik vendt hele situationen til det bedste gennem bønner med en tro, som ikke rummede skyggen af tvivl. Folket, som have dyrket afguder, angrede og omvendte sig til Gud. Da krummede Elias sig sammen mod jorden med ansigtet mellem knæene og bad oprigtigt om at nedkalde Guds gerning og stoppe den tørke, der havde plaget landet i 3½ år (Første Kongebog 18:42).

Vor Gud påminder os i Ezekiels Bog 36:36-37: *"Jeg er*

Herren. Jeg har talt, og jeg vil gøre det. Dette siger Gud Herren: Endnu ét vil jeg gøre for Israels hus på deres bøn." Med andre ord kunne den voldsomme regn ikke have faldet uden Elias oprigtige bøn, selv om Gud havde lovet ham, at det ville regne i Israel. Bøn af hjertets grund kan bevæge og imponere Gud, så han straks svarer os og lader os forherlige ham.

2) Du må kalde på Gud i bøn

Gud lover os, at han vil lytte til os og møde os, når vi kalder ham, kommer til ham, bønfalder ham og søger ham af hele vort hjerte (Jeremias' Bog 29:12-13; Ordsprogenes Bog 8:17). I Jeremias' Bog 33:3 lover han os følgende: *"Kald på mig, så vil jeg svare dig og fortælle dig om store og ufattelige ting, som du ikke kender."* Gud siger, vi skal kalde på ham i bøn, for når vi gør dette med høj stemme, vil vi være i stand til at bede af hele vort hjerte. Med andre ord vil vi blive fritaget for verdslige tanker, træthed og døsighed, når vi kalder i bøn, og vores egne tanker vil ikke optage pladsen i vores sind.

Ikke desto mindre er der i dag mange kirker, som belærer deres menigheder om, at det er godt og helligt af være stille i kirkerummet. Hvis nogen kalder på Gud med høj stemme, vil resten af menigheden hurtigt tro, at det er upassende, og de kan endda fordømme sådanne mennesker som kættere. Men dette sker uden at kende Guds ord og vilje.

De tidlige kirker, som havde været vidner til mange store manifestationer af Guds kraft, behagede Gud med at opløfte deres røst alle som en i Helligåndens fylde (Apostlenes Gerninger 4:24). Selv i dag kan vi se utallige mirakuløse tegn og undere i de kirker, som kalder på Gud med høj røst, og dermed følger Guds vilje. Disse kirker oplever desuden stor vækkelse.

At "kalde på Gud" henviser til at bede til Gud med oprigtig bøn og høj røst. Gennem disse bønner kan brødre og søstre i Kristus fyldes med Helligånden og få svar på deres bønner i form af spirituelle gaver, i takt med at den fjendtlige djævels forstyrrende kræfter drives bort.

I Bibelen er der utallige optegnelser af tilfælde, hvor Jesus eller troens forfædre kalder på Gud med høj røst og får hans svar.

Lad os se på nogle eksempler fra det Gamle Testamente.

I Anden Mosebog 15:22-25 er der en scene, hvor israelitterne er kommet ud af Egypten og netop har krydset det Røde Hav tørskoet, fordi det er blevet delt gennem Moses' tro. Men israelitterne havde liden tro, og de beklagede sig til Moses, fordi deres drikkevand slap op på vej gennem Suhr-ørkenen. Da "råbte" Moses til Gud, og det bitre vand i Mara blev frisk.

I Fjerde Mosebog 12 er der en scene, hvor Moses' søster Miriam bliver spedalsk, efter at hun har talt imod Moses. Da Moses råbte til Gud og sagde: "Ak nej! Gør hende dog rask!" blev Miriam helbredt for sin spedalskhed.

I Første Samuelsbog 7:9 læser vi: *"Samuel tog et spædlam*

og bragte det som heloffer til Herren. Han råbte til Herren for Israel, og Herren svarede ham."

I Første Kongebog 17 er der en historie om enken Sarepta, som gav husly til Elias, der var Guds tjener. Da hendes søn blev syg og døde, råbte Elias til Gud og sagde: "Herre min Gud, lad livet vende tilbage i drengen." Herren hørte Elias bøn, og livet vendte tilbage i drengen (Første Kongebog 17:21-22). Da Gud hørte profetens bøn, svarede han ham straks.

Jonas, som var blevet slugt af en stor fisk på grund af sin ulydighed overfor Gud, blev også frelst, da han kaldte på Gud i bøn. I Jonas' Bog 2:2 ser vi, at han bad: *"I min nød råbte jeg til Herren, og han svarede mig; fra dødsrigets dyb råbte jeg om hjælp, og du hørte mig."* Gud hørte hans råb og frelste ham. Uanset om vi befinder os i en situation, der er lige så alvorlig og fortvivlende som Jonas', vil Gud give os det, vi ønsker, besvare os og løse vores problemer, når vi angrer vores fejl og kalder på ham.

Det Nye Testamente er også fyldt med scener, hvor folk råber til Gud.

I Johannesevangeliet 11:43-44 ser vi, at Jesus kaldte med høj røst: *"Lazarus, kom herud."*, og manden, som havde været død, kom ud med hænder og fødder viklet ind i linned og et klæde om ansigtet. Det ville have været ligegyldigt for den døde Lazarus, om Jesus havde råbt eller hvisket til ham. Men Jesus råbte til Gud med høj røst. Og han bragte Lazarus, som havde været i graven i 4 dage, tilbage til livet med sin bøn i overensstemmelse med Guds vilje og til Guds herlighed.

Markusevangeliet 10:46-52 fortæller os om helbredelsen af en blind tigger ved navn Bartimæus:

> *"Og da Jesus sammen med sine disciple og en større skare gik ud af Jeriko, sad Timæus' søn, Bartimæus, en blind tigger, ved vejen. Da han hørte, at det var Jesus fra Nazaret, gav han sig til at råbe: "Davids søn, Jesus, forbarm dig over mig!" Mange truede ad ham for at få ham til at tie stille; men han råbte bare endnu højere: "Davids søn, forbarm dig over mig!" Og Jesus stod stille og sagde: "Kald på ham!" Så kaldte de på den blinde og sagde til ham: "Vær frimodig, rejs dig, han kalder på dig." Så smed han kappen fra sig, sprang op og kom hen til Jesus. Og Jesus spurgte ham: "Hvad vil du have, at jeg skal gøre for dig?" Den blinde svarede ham: "Rabbuni, at jeg må kunne se!" Jesus sagde til ham: "Gå bort, din tro har frelst dig." Og straks kunne han se, og han fulgte med ham på vejen."*

I Apostlenes Gerninger 7:59-60 kalder diakonen Stefanus på Herren, mens han bliver stenet til døde for at dø som martyr: *"Herre Jesus, tag imod min ånd!"* Så falder han på knæ og råber med høj røst: *"Herren, tilregn dem ikke denne synd!"* Og der står i Apostlenes Gerninger 4:23-24; 31: *"Efter løsladelsen gik de [Peter og Johannes] hen til deres egne og fortalte dem, hvad ypperstepræsterne og de ældste havde sagt til dem. Da de hørte det, opløftede de alle som én deres røst og bad til Gud. Da de havde bedt, rystedes det sted, hvor de var forsamlet, og de blev alle fyldt af Helligånden, og de forkyndte Guds ord med frimodighed."* Når man råber til Gud, kan man blive et sandt vidne om Jesus Kristus og manifesterer Helligåndens kraft.

Gud siger, at vi skal råbe til ham, selv når vi faster. Hvis vi bruger meget af vores fastetid på at sove i udmattelse, vil vi ikke få noget svar fra ham. Han lover os i Esajas' Bog 58:9: *"Da kalder du, og Herren vil svare, da råber du om hjælp, og han siger: Her er jeg!"* Når vi kalder på ham under faste, vil nåde og kraft fra oven komme over os, og vi vil sejre og få hans svar i overensstemmelse med hans løfte.

Med lignelsen om den vedholdende enke spørger Jesus os retorisk: *"Skulle Gud så ikke skaffe sine udvalgte deres ret, når de råber til ham dag og nat? Skulle han lade dem vente?"* Han fortæller os dermed også, at vi skal råbe til Gud i bøn (Lukasevangeliet 18:1-8).

I Matthæusevangeliet 5:18 siger Jesus til os: *"Sandelig siger jeg jer: Før himmel og jord forgår, skal ikke det mindste bogstav eller en eneste tøddel forgå af loven, før alt er sket."*

Når Guds børn beder, er det naturligt, at de gør det med høj røst. Det er Guds befaling. For hans lov dikterer, at vi skal spise frugten af vores møje, og at vi kan få Guds svar, når vi kalder på ham.

Nogle mennesker vil måske tage til genmæle baseret på Matthæusevangeliet 6:6-8 og spørge: *"Hvorfor skal vi råbe til Gud, når han allerede ved, hvad vi har brug for, før vi beder om det?"* eller "Hvorfor skal vi råbe, når Jesus sagde, at vi skal bede i det skjulte i vores kammer med døren lukket?" Men der er ikke nogen steder i Bibelen, hvor der henvises til mennesker, som beder i det skjulte i deres kammer.

Den sande betydning af Matthæusevangeliet 6:6-8 er en tilskyndelse til at bede af hjertets grund. Hvis vi går ind i et privat kammer, hvor der er stille, og lukker døren, vil vi så ikke blive afskåret fra al kontakt med den ydre verden? Jesus fortæller os i Matthæusevangeliet 6:6-8, at ligesom vi er afskåret fra ydre kontakt, når vi er i et kammer bag lukket dør, sådan skal vi også afskære os selv fra alle verdslige tanker, bekymringer, angst og lignende, når vi bede af hjertets grund.

Desuden fortalte Jesus denne historie for at vise, at Gud ikke lytter til de farisæer og præster, som på Jesu tid bad med høj røst for at blive bemærket af andre. Vi bør ikke blive stolte over mængden af vores bøn. I stedet bør vi kæmpe af hele hjertet i vores bønner til ham, som ransager hjerter og sind; den

Almægtige, som kender alle vores behov og ønsker; den som er vores et og alt. Det er svært at bede af hele hjertet gennem stille bønner. Prøv bare at bede i meditation med øjnene lukket om natten. Man vil hurtigt optage, at man kæmper mod træthed og verdslige tanker i stedet for at bede. Når man bliver træt af at kæmpe, falder man i søvn, før man ved det.

I stedet for at bede i et stille kammer, skal vi gøre som Jesus: *"I de dage gik han engang op på bjerget for at bede, og han tilbragte natten i bøn til Gud"* (Lukasevangeliet 6:12) og *"Ganske tidligt, mens det endnu var helt mørkt, stod Jesus op, og han gik bort og ud til et øde sted og bad dér"* (Markusevangeliet 1:35). Profeten Daniel havde et tagværelse med vinduer, der var åbne mod Jerusalem, og han knælede tre gange om dagen for at bede og takke Gud (Daniels Bog 6:10). Peter gik op på taget for at bede (Apostlenes Gerninger 10:9) og apostelen Paulus gik ud gennem byporten og langs en flod, hvor han mente, at der var et bedehus, og han bad i bedehuset, mens han var i Filippi (Apostlenes Gerninger 16:13; 16). Disse mennesker udvalgte et bestemt sted til at bede, fordi de ønskede at bede af hjertets grund. Man bør bede på en måde, så bønnen gennemtrænger den fjendtlige djævels kræfter, for han er hersker over luftens rige. På den måde kan man nå frelsen fra den øverste trone, blive fyldt af Helligånden, drive fristelserne bort og få svar på alle store og små problemer.

3) Din bøn bør have et formål

Nogle mennesker planter træer for at få tømmer. Andre gør det for at få frugt. Endnu andre planter træer for skabe en smuk have. Hvis man planter et træ uden at have et særligt formål med det, vil man hurtigt forsømme det, fordi man er mere optaget af andre gøremål.

Det giver bedre og hurtigere resultater, hvis man har et klart formål med sine bestræbelser. Uden et klart formål kan bestræbelserne blive forhindret af enhver lille forhindring, for hvis der ikke er en bestemt retning, er der plads til tvivl og resignation.

Det er vigtigt at have et klart formål, når vi beder til Gud. Vi er blevet lovet, at vi vil få hvad som helst fra Gud, vi beder ham om, når vi har frimodighed overfor ham (Første Johannesbrev 3:21-22), og når formålet med vores bøn er klart, vil vi være i stand til at bede mere oprigtigt og med større udholdenhed. Når vores Gud ser, at der ikke er noget at fordømme i vore hjerter, vil han give os alt, vi har behov for. Vi må altid huske formålet med vores bønner og dermed være i stand til at bede på en måde, som behager Gud.

4) Du må bede med tro

Målet af tro er forskelligt fra menneske til menneske, og vi vil hver især få Gud svar alt efter vores mål af tro. Når folk tager imod Jesus Kristus og åbner deres hjerter, vil Helligånden tage bolig i dem og Gud vil besegle dem som sine børn. På dette tidspunkt har de en tro på størrelse med et sennepsfrø.

I takt med at de holder Herrens dag hellig og beder regelmæssigt, stræber efter at overholde Guds befalinger og leve efter hans ord, vil deres tro vokse. Men de kan komme ud for fristelser og lidelser, før de lærer at stå fast på troens klippe, og de kan måske tvivle på Guds kraft og miste modet til tider. Men når først de står fast på troens klippe, vil de ikke falde under nogen omstændigheder. De vil i stedet vende blikket mod Gud i tro, og fortsætte med at bede. Så vil Gud se deres tro, og han vil arbejde til fordel for dem, som elsker ham.

Efterhånden som de øger mængden af deres bønner, vil de blive i stand til at kæmpe mod synden og efterligne vor Herren med kraften fra oven. De vil have en klar ide om vor Herrens vilje og adlyde den. Denne tro glæder Gud, og de vil få alt, hvad de beder om. Når folk når dette mål af tro, vil de have oplevet det løfte, som gives i Markusevangeliet 16:17-18, hvor der står: *"Og disse tegn skal følge dem, der tror: I mit navn skal de uddrive dæmoner, de skal tale med nye tunger, og de skal tage på slanger med deres hænder, og drikker de dødbringende gift, skal det ikke skade dem; de skal lægge hænderne på de syge, så de bliver raske."* Folk med stor tro vil få svar i overensstemmelse med deres tro, og det samme gælder folk med lille tro.

Der er "selvcentreret tro", som man opnår ved egen kraft, og der er "gudgiven tro." Den selvcentrerede tro er ikke nødvendigvis i overensstemmelse med personens handlinger, men den gudgivne tro vil altid blive ledsaget af gerninger. Bibelen fortæller os, at tro er sikkerhed om de ting, vi håber på (Hebræerbrevet 11:1), men selvcentreret tro giver ingen sikkerhed. Selv om man har tro til at skille det Røde Hav og flytte bjerge, så har man ingen sikkerhed om Guds svar, hvis der er tale om selvcentreret tro.

Gud giver os levende tro, som ledsages af gerninger, når vi adlyder i overensstemmelse med vores tro på ham, udviser handling i troen og beder. Når vi viser ham den tro, vi allerede har, vil den blive forbundet med den levende tro, som han tilfører os, og det vil blive en stor tror, hvormed vi kan få Guds svar uden forsinkelser. Til tider oplever folk en unægtelig vished om hans svar. Denne tro er givet til dem af Gud, og hvis folk har en sådan tro, vil de allerede have fået deres svar.

Vi må derfor bede uden den mindste tvivl og med tillid til det løfte, Jesus giver os i Markusevangeliet 11:24: *"Alt, hvad I beder og bønfalder om, det skal I tro, at I har fået, og så får I det."* Vi må bede, indtil vi opnår vished om Guds svar, og få hvad som helst, vi beder om (Matthæusevangeliet 21:22).

5) Du må bede med kærlighed

Hebræerbrevet 11:6 fortæller os: *"Men uden tro er det umuligt at behage ham; for den, som kommer til Gud, må tro, at han er til og lønner dem, som søger ham."* Hvis vi tror, at alle vores bønner bliver besvaret og oplagres som himmelske belønninger, vil det ikke være trættende eller besværligt at bede. Ligesom Jesus kæmpede i bøn for at give liv til menneskeheden, kan også vi bede oprigtigt, hvis vi beder med kærlighed til andre sjæle. Hvis vi beder med oprigtig kærlighed til andre, betyder det, at vi er i stand til at sætte os selv i deres sted, se deres problemer som vore egne, og dermed bede endnu mere oprigtigt.

Man kan for eksempel bede for konstruktionen af en kirkebygning. Så bør man bede på samme måde, som hvis man bad for opbygningen af ens eget hus. Og ligesom man ville bede om alle detaljer med hensyn til grund, arbejdere og materialer, hvis det drejede sig om ens eget hus, må man bede om alt det, der er nødvendigt at vide med henblik på konstruktionen af kirken. Hvis man beder for en syg, må man sætte sig selv i hans sted og kæmpe i bønnen af hjertets grund, som om hans smerter og lidelser var ens egne.

Jesus havde for vane at knæle ned og kæmpe i bønnen for at opnå Guds vilje i sin kærlighed til Gud og menneskeheden. Resultatet var, at vejen til frelse blev åbnet for alle og enhver, som tager imod Jesus Kristus, for de kan nu få tilgivet deres synder og opnå autoritet som Guds børn.

Baseret på det, vi nu har lært om, hvordan Jesus bad, og hvad der er vigtigt for at behage Gud med bøn, må vi undersøge vores indstilling og hjerte. Vi må bede på den måde, som behager Gud og få alt det fra ham, som vi beder om.

Kapitel 4

Bed om ikke at falde i fristelse

Han [Jesus] kommer tilbage til sine disciple
og finder dem sovende, og han sagde til Peter:
"Så kunne I da ikke våge blot en time sammen med mig?
Våg, og bed om ikke at falde i fristelse.
Ånden er rede, med kødet er skrøbeligt."

Matthæusevangeliet 26:40-41

1. Liv i bøn: Åndens vejrtrækning

Vores Gud lever og holder øje med menneskets liv, død, forbandelse og velsignelse i sin kærlighed, retfærdighed og godhed. Han ønsker ikke, at hans børn skal falde i fristelse eller komme ud for lidelser, men at de skal leve deres liv fyldt med velsignelser. Derfor har han sendt Helligånden til jorden som en rådgiver, der kan hjælpe Guds børn med at overvinde denne verden, drive den fjendtlige djævel bort, føre sunde og glade liv, og opnå frelse.

Gud lover os i Jeremias' Bog 29:11-12: *"Jeg ved, hvilke planer, jeg har lagt for jer [...]. Planer om lykke, ikke om ulykke, om at give jer en fremtid og et håb. Råber I til mig, og går I hen og beder til mig, vil jeg høre jer."*

Hvis vi vil leve dette liv i fred og håb, må vi bede. Hvis vi beder uophørligt under vores liv i Kristus, vil vi ikke blive fristet, vores sjæle vil trives, og det, der tilsyneladende er "umuligt", vil blive muligt. Det vil gå os godt på alle områder af livet, og vi vil være sunde og raske. Men hvis Guds børn ikke beder, vil vi komme ud for fristelser og ulykker, for djævlen, vores fjende, går omkring som en brølende løve, der leder efter nogen at sluge.

Vores liv udrinder, hvis vi ikke trækker vejret konstant. På samme måde er bønnen så afgørende for et liv i Gud, at det ikke kan understreges nok. Derfor befaler Gud os at bede uophørligt (Første Thessalonikerbrev 5:17), han minder os om, at det er en synd at undlade at bede (Første Samuelsbog 12:23), og han lærer os at bede, for at vi ikke skal falde i fristelse (Matthæusevangeliet 26:41).

De nye troende, som netop har taget imod Jesus Kristus, har tendens til at synes, det er vanskeligt at bede, fordi de ikke ved, hvordan de skal gøre det. Deres døde ånd genoplives, når de tager imod Jesus Kristus og får Helligånden. Men spirituelt set er de som børn; det er vanskeligt at bede.

Men hvis de lader være at opgive, og i stedet fortsætter med at bede og gøre Guds ord til deres brød, vil deres ånd blive styrket og deres bønner vil blive kraftigere. Disse mennesker vil indse, at de ikke kan leve uden at bede, ligesom man ikke kan leve uden at trække vejret.

I min barndom var der børn, som konkurrerede med hinanden om, hvem der kunne holde vejret i længst tid. To børn ville stille sig overfor hinanden og trække vejret dybt. Når et tredje barn sagde: "Klar til start", ville de to børn tage en kraftig indånding. Og når den tredje sagde: "Begynd!", ville de to børn holde vejret med ansigtsudtrykkene fulde af beslutsomhed.

I starten er det ikke vanskeligt at holde vejret. Men som tiden går, begynder børnene at føle, at de kvæles, og deres ansigter bliver røde. Til sidst vil de ikke længere være i stand til at holde vejret, og de vil være tvunget til at udånde. Man kan ikke overleve, hvis vejrtrækningen stopper.

Det er det samme med bøn. Når et spirituelt menneske

holder op med at bede, vil han først ikke bemærke den helt store forskel. Men efter et stykke tid vil hans hjerte begynde at føle mismod og fortvivlelse. Hvis vi kunne se ånden med øjnene, ville vi se, at den var tæt på at blive kvalt. Hvis personen indser, at alt dette skyldes, at han er holdt op med at bede og genoptager det, kan han føre et normalt liv i Kristus igen. Men hvis han fortsat begår den synd at undlade at bede, vil hans hjerte blive endnu mere elendigt og fortvivlet, og han vil opleve, at det begynder at gå skævt på mange områder af hans liv.

Det er ikke Guds vilje, at vi skal "holde en pause" fra at bede. Ligesom vi gisper efter vejret, indtil vejrtrækningen er normal igen, kan det være vanskeligt at vende tilbage til et normalt liv i bøn, og det kan tage lang tid. Jo længere pausen har været, jo længere tager det at genoptage livet i bøn.

Mennesker, som indser, at bøn er åndens vejrtrækning, vil ikke finde det besværligt at bede. Hvis de har bedt regelmæssigt på samme måde, som de vanemæssigt har trukket vejret, så vil de finde, at det hverken er besværligt eller anstrengende at bede, men at de blive mere fredfyldte, har mere håb, og glæder sig mere i livet end før de begyndte at bede. Det skyldes, at de får Guds svar og forherliger ham med deres bøn.

2. Årsager til at fristelserne rammer de mennesker, som ikke beder

Jesus viste os et eksempel på bøn, og han sagde til sine disciple, at de skulle våge og bede, sådan at de ikke ville falde i fristelse (Matthæusevangeliet 26:41). Det betyder omvendt, at hvis vi ikke beder uophørligt, så falder vi i fristelse. Så hvorfor rammer fristelserne de mennesker, som ikke beder?

Gud skabte det første menneske Adam, gjorde ham til et levende væsen, og lod ham kommunikere med Gud i ånden. Efter at Adam spiste af kundskabens træ og var ulydig overfor Gud, døde hans ånd. Hans kommunikation med Gud blev vanskeliggjort, og han blev uddrevet fra Edens Have. Da den fjendtlige djævel, som er hersker af luftens rige, fik menneske i sin kontrol, blev det gradvist mere og mere besudlet af synd.

For syndens løn er død (Romerbrevet 6:23), men Gud åbenbarede sit forsyn for menneskehedens frelse gennem Jesus Kristus, som var bestemt til at dø. Gud anser alle, som tager imod Jesus Kristus, bekender deres synder og angrer, for at være sine børn, og som bevis på dette giver han dem Helligånden.

Helligånden er den rådgiver, som Gud har sendt for at overbevise verden om synd og om retfærdighed og dom (Johannesevangeliet 16:8). Den går i forbøn for os med uudsigelige sukke (Romerbrevet 8:26), og gør det muligt for os at overvinde verden.

Bed om ikke at falde i fristelse · 57

Det er absolut nødvendigt at bede for at blive fyldt med Helligånden og få dens vejledning. Først når vi beder, vil Helligånden tale til os. Den vil bevæge vores hjerter og sind; advare os om forestående fristelser; fortælle os, hvordan vi skal undgå dem; og hjælpe os med at overvinde de fristelser, som alligevel kommer til os.

Men uden bøn er det ikke muligt for os at skelne Guds vilje fra menneskets. I jagten på verdslige lyster vil mennesker uden et rutineret liv i bøn ofte leve efter deres gamle vaner, og gøre det, som de selv formoder og tror, er rigtigt at gøre. Så de oplever fristelser og lidelser, og de kommer ud for alle former for problemer.

I Jakobsbrevet 1:13-14 læser vi: *"Men ingen, som bliver fristet, må sige: 'Jeg bliver fristet af Gud'; for Gud kan ikke fristes af det onde, og selv frister han ingen. Når man fristes, er det ens eget begær, der frister og lokker en; når så begæret har undfanget, sætter det synd i verden, og når synden er vokset op, føder den død."*

Med andre ord kommer fristelserne til de mennesker, som ikke beder, fordi de ikke kan skelne Guds vilje fra menneskets, bliver fanget i deres verdslige lyster og lider under problemer, fordi de er ude af stand til at overvinde fristelser. Gud vil, at alle hans børn lærer at være tilfredse under hvilke som helst omstændigheder. Han vil, at de skal vide, hvad det er at lide nød og hvad det er at have i overflod, og at de skal lære hemmeligheden bag at være tilfreds i alle situationer uanset om de er mætte eller sultne, om de lever i overflod eller lider mangel (Filipperbrevet 4:11-12).

Men det verdslige begær undfanger synden og sætter den i verden, og syndens løn er død. Gud kan ikke beskytte de mennesker, som fortsætter med at synde. I den grad mennesker har syndet, vil den fjendtlige djævel påføre dem fristelser og lidelser. Nogle mennesker, som er faldet i fristelse, skuffer Gud ved at påstå, at han har fristet dem og givet dem lidelser. Men det er at bære nag mod Gud, og sådanne mennesker kan ikke overvinde fristelser, og lader ikke Gud arbejde for deres bedste.

Så Gud befaler os at ødelægge spekulationer og tankebygninger, som rejer sig mod kundskaben om Gud, og gøre enhver tanke til en lydig fange hos Kristus (Anden Korintherbrev 10:5). Og han påminder os i Romerbrevet 8:6-7: *"Det, kødet vil, er død, og det, Ånden vil, er liv og fred. For det, kødet vil, er fjendskab med Gud; det underordner sig ikke Gud lov og kan det heller ikke."*

De fleste af de informationer, vi har lært og oplagret i vores sind som "rigtige" før vi mødte Gud, vil blive fundet falske i sandhedens lys. Så vi kan fuldt ud følge Guds vilje, når vi ødelægger alle teorier og kødelige tanker. Og hvis vi vil ødelægge alle argumenter og forestillinger, og adlyde sandheden, så må vi bede.

Til tider retter kærlighedens Gud på sine elskede børn, sådan at de ikke går imod ødelæggelsen, og han tillader, at de bliver fristet, sådan at de kan angre og omvende sig. Når folk ransager sig selv og angrer alt det i dem, der ikke er godt i Guds øjne, beder uophørligt, glæder sig og rettere blikket mod ham, som arbejder for altings bedste, så vil Gud se deres tro og svare dem med sikkerhed.

3. Ånden er rede, men kødet er skrøbeligt

Natten før Jesus tog korset, gik han med sine disciple til et sted, der hed Getsemane, og der kæmpede han i bøn. Da han fandt, at disciplene var faldet i søvn, irettesatte han dem med ordene: *"Ånden er rede, men kødet er skrøbeligt"* (Matthæusevangeliet 26:41).

I Bibelen ser vi sådanne ord og udtryk som "kød", "kødets ting" og "kødets gerninger." På den ene side har vi altså "kødet", som står i modsætning til "ånden." Det henviser generelt til alt, som er korrupt og foranderligt. Og det henviser til alle skabninger, inklusiv mennesket, før det blev forandret med sandheden. På den anden side har vi "ånden", som henviser til alt, der er evigt, sandt og uforanderligt.

Siden Adams ulydighed er alle mænd og kvinder blevet født med en nedarvet syndefuld natur, og det er arvesynden. De "selvbegåede synder" er usande gerninger, som begås, fordi folk opildnes af den fjendtlige djævel. Mennesket bliver kød, når usandheden har besudlet hans krop, og kroppen kombineres med den syndefulde natur. Det er derfor, Romerbrevet 9:8 nævner "kødets børn" i følgende vers: *"Det betyder, at det ikke er hans kødelige børn, der er Guds børn, men det er de børn, som løftet handler om, der regnes for hans efterkommere."* Og i Romerbrevet 13:14 advares vi: *"Iklæd jer Herren Jesus Kristus, og vær ikke optaget af det kødelige, så det vækker begær."*

"Kødets ting" er en række forskellige syndefulde træk såsom bedrag, misundelse, jalousi og had (Romerbrevet 8:5-8). De er endnu ikke blevet til fysiske handlinger, men det kan ske. Når disse lyster udføres rent fysisk, taler man om "kødets gerninger" (Galaterbrevet 5:19-21).

Hvad mente Jesus med at "kødet er skrøbeligt"? Henviste han til disciplenes fysiske tilstand? Peter, Jakob og Johannes var alle tidligere fiskere, og de havde et robust og godt helbred. For mennesker, som havde været vandt til at fiske hele natten, burde det ikke have været noget stort problem at holde sig vågen nogle få timer. Men selv om Jesus sagde til dem, at de skulle blive, hvor de var, og våge med ham, var de tre disciple ikke i stand til at undgå at falde i søvn. De var ganske vist taget til Getsemanes have for at bede med Jesus, men dette blev ved intentionen. Så da Jesus sagde til dem, at kødet var skrøbeligt, mente han, at de var ude af stand til at skille sig af med den kødelige lyst, som fik dem til at hvile sig og sove.

Peter, som var en af Jesus elskede disciple, kunne ikke bede, fordi hans kød var skrøbeligt, selv om hans ånd var rede, og da Jesus blev fanget og Peters eget liv var truet, benægtede han tre gange, at han havde kendt Jesus. Dette fandt sted før Jesu genopstandelse og himmelfart, og Peter blev fanget i sin egen store frygt uden endnu at have modtaget Helligånden. Men da han fik den, begyndte han at genoplive de døde, manifestere mirakuløse tegn og gerninger, og fastholde sin tro i en grad, så han blev korsfæstet med hovedet nedad. Der var nu intet spor tilbage af Peters skrøbelighed, og han blev en frimodig apostel for Guds kraft, som ikke frygtede døden. Det kunne lade sig gøre, fordi Jesus udgød sit dyrebare, skyldfri blod og forløste os fra vores lidelser, fattigdom og svaghed. Hvis vi lever ved troen i lydighed overfor Guds ord, vil vi have et godt kropsligt og åndeligt helbred, og vi vil være i stand til at gøre ting, som ellers er umulige for mennesker.

Nogle gange når folk synder, angrer de ikke det, de har gjort, men er i stedet hurtige til at sige: "Kødet er skrøbeligt." De tror, det er naturligt at synde. Disse mennesker taler, som de gør, fordi de ikke kender sandheden. Lad os forestille os en fader, som giver sin søn 1000 kr. Hvor ville det så være tåbeligt, hvis sønnen stak pengene i lommen, og sagde til faderen: "Jeg har ikke nogen penge, ikke en rød øre." Og hvor ville det være frustrerende for faderen, hvis sønnen gik sulten omkring med de 1000 kr. i lommen uden at købe sig noget at spise! Så for de af os, som har modtaget Helligånden, er det et paradoks at tale om at kødet er skrøbeligt.

Jeg har set mange mennesker, som tidligere gik i seng kl. 10 om aftenen, men som nu deltager i den nattelange fredagsgudstjeneste, efter at de har bedt om Helligåndens hjælp. De bliver hverken trætte eller søvnige, men hengiver altid fredag nat til Gud i Helligåndens fylde. Det skyldes, at i Helligåndens fylde bliver folks spirituelle øjne skarpere, deres hjerter fyldes af glæde, de mærker ingen træthed, og deres kroppe føles lettere.

For vi lever i Helligåndens tid, og vi må aldrig ophøre med at bede, eller begå andre synder med den undskyldning, at kødet er skrøbeligt. I stedet må vi våge og bede konstant, og vi må opnå Helligåndens hjælp til at skille os af med kødets ting og gerninger, så vi kan leve ihærdige liv i Kristus i overensstemmelse med Guds vilje for os.

4. Velsignelser til de mennesker, som våger og beder

Første Petersbrev 5:8-9 fortæller os: *"Vær årvågne og på vagt! Jeres modstander, Djævelen, går omkring som en brølende løve og leder efter nogen at sluge; stå ham imod, faste i troen, I ved jo, at de samme lidelser rammer jeres brødre her i verden."* Satan, vores fjende, og djævlen, som hersker over luftens rige, forsøger konstant at opildne de troende til at komme på afveje og forhindre folk i at få tro.

Når nogen vil trække et træ op med rod, vil han først forsøge at ryste det. Hvis stammen er stor og tyk, og træet står dybt i jorden, vil han opgive og i stedet forsøge sig med et andet træ. Og når det ser ud til, at det andet træ er nemmere at trække op end det første, vil han blive endnu mere ivrig og ryste det andet træ endnu kraftigere. På samme måde vil djævlen, vores fjende, som altid forsøger at opildne os, blive drevet bort, hvis vi står fast. Men hvis vi lader os ryste bare en lille smule, vil djævlen blive ved med at bringe os fristelser for at slå os ned.

Vi må kæmpe i bøn og få gudgiven styrke og kraft fra oven, for at genkende og ødelægge den fjendtlige djævels planer og gå i lyset ved at leve i overensstemmelse med Guds ord. Jesus, Guds enbårne søn, opnåede alt i overensstemmelse med Guds vilje på grund af bønnens kraft. Før Jesus begyndte sit offentlige virke, forberedte han sig ved at faste i fyrre dage og fyrre nætter, og gennem de tre års virke manifesterede han forbløffende gerninger ved Guds kraft ved at bede vanemæssigt og uophørligt. Til sidst kunne han ødelægge dødens autoritet og sejre gennem genopstandelsen, fordi han kæmpede i bøn i Getsemanes have. Derfor tilskynder Herren os: *"Vær udholdende i bøn, våg med bøn og tak"* (Kolossenserbrevet 4:2), og *"Men alle tings ende er nær. Vær derfor besindige og årvågne, så I kan bede"* (Første Petersbrev 4:7). Han har også lært os at bede: *"Led os ikke ind i fristelse, men fri os fra det onde"* (Matthæusevangeliet 6:13). Det er ekstremt vigtigt at forhindre os selv i at falde i fristelse. Hvis man falder i fristelse, betyder det, at man ikke har overvundet den, men er blevet træt, og har haft tilbagegang i troen – og Gud vil på ingen måde glæde sig over disse ting.

Når vi holder os årvågne og beder, vil Helligånden lære os at gå på den rette sti og kæmpe mod synderne, så vi kan skille os af med dem. I den udstrækning vores sjæl trives, vil vores hjerte efterligne Herrens, og vi vil klare os godt på alle livets områder. Ikke mindst vil vi få den velsignelse at have et godt helbred.

Bøn er nøglen til at få alt i vores liv til at gå godt og få helbredets velsignelse for både sjæl og krop. Vi er blevet lovet i Første Johannesbrev 5:18: *"Vi ved, at enhver, som er født af Gud, ikke synder, men han, som selv blev født af Gud, bevarer ham, og den Onde kan ikke røre ham."* Derfor skal vi holde os vågne, bede og gå i lyset, for så vil vi være i sikkerhed for den fjendtlige djævel, og selv om vi falder i fristelse, vil Gud vise os vejen til at undslippe. Han vil arbejde for at alt skal gå godt for de mennesker, som elsker ham.

Gud fortæller os, at vi skal bede uden ophør, så vi kan blive hans velsignede børn, som lever livet i Kristus ved at holde os vågne, bortdrive den fjendtlige djævel, og få alt det, som Gud velsigner os med.

I Første Thessalonikerbrev 5:23 ser vi: *"Fredens Gud hellige jer helt og holdent og bevare fuldt ud jeres ånd og sjæl og legeme lydefri ved vor Herre Jesu Kristi komme!"* Må I hver især få Helligåndens hjælp ved at holde jer vågne og bede regelmæssigt. Må I få et lydefrit og pletfrit hjerte som et barn af Gud ved at skille jer af med den indre syndefulde natur og omskære jeres hjerter ved Helligånden. Må I få autoritet som Guds børn ved at sjælen trives, må alt i jeres liv gå godt, må I få den velsignelse af have et godt helbred, og må I ære Gud i alle forhold. Det beder jeg om i vor Herre Jesu Kristi navn!

Kapitel 5

Den retfærdiges bøn

En retfærdigs bøn formår meget,
stærk som den er.
Elias var et menneske under samme kår som vi,
og han bad en bøn om,
at det ikke måtte regne,
og det regnede ikke i landet i tre år og seks måneder;
og han bad igen, og himlen gav regn,
og jorden lod sin afgrøde vokse frem.

Jakobsbrevet 5:16-18

1. Bønner i tro helbreder de syge

Når vi ser tilbage på vores liv, vil der være tidspunkter, hvor vi har bedt midt i lidelser, og tidspunkter, hvor vi har lovprist og glædet os, efter at vi har fået Guds svar. Der har været stunder, hvor vi har bedt sammen med andre for vores næres helbredelse, og tidspunkter, hvor vi har æret Gud efter at have opnået noget gennem bøn, som ellers ville have været umuligt for mennesker.

I Hebræerbrevet 11 er der mange henvisninger til tro. I vers 1 bliver vi mindet om: *"Tro er fast tillid til det, der håbes på, overbevisning om det, der ikke ses."* Og *"Uden tro er det umuligt at behage ham; for den, som kommer til Gud, må tro, at han er til og lønner dem, som søger ham"* (vers 6).

Tro kan generelt inddeles i "kødelig tro" og "spirituel tro." Med den kødelige tro kan vi tro på Guds ord i den udstrækning, det er i overensstemmelse med vore egen tænkning. Den kødelige tro kan dog ikke forandre vores liv. Men med den spirituelle tro kan vi tro på den levende Guds kraft og hans ord, som det er, også selv om det ikke stemmer overens med vores egne tanker og teorier. Da vi tror, at Gud har skabt alt ud af intet, kan vi opleve håndgribelige forandringer i vores liv i form af mirakuløse tegn og undere, og vi kan tro at alt er muligt for den, der tror.

Det var derfor, Jesus sagde til os: *"Disse tegn skal følge dem, der tror: I mit navn skal de uddrive dæmoner, de skal tale med nye tunger, og de skal tage på slanger med deres hænder, og drikker de dødbringende gift, skal det ikke skade dem; de skal lægge hænderne på syge, så de bliver raske"* (Markusevangeliet 16:17-18). *"Alt er muligt for den, der tror"* (Markusevangeliet 9:23) og *"Derfor siger jeg jer: Alt, hvad I beder og bønfalder om, det skal I tro, I har fået, og så får I det"* (Markusevangeliet 11:24).

Hvordan kan vi opnå spirituel tro og få direkte oplevelser af vor Guds store kraft? Frem for alt må vi huske det, som apostelen Paulus siger i Anden Korintherbrev 10:5: *"Vi nedbryder tankebygninger og alt, som trodsigt rejser sig mod kundskaben om Gud, vi gør enhver tanke til en lydig fange hos Kristus."* Vi må ikke længere dømme efter den viden, vi har opnået indtil nu. I stedet må vi nedbryde enhver tanke og teori, som bryder Guds ord, gøre os lydige overfor Ordet og leve efter det. I den udstrækning, vi nedbryder de kødelige tanker og skiller os af med den indre usandhed, vil vores sjæl trives og vi vil opnå en spirituel tro, som giver os tillid.

Spirituel tro er det mål af tro, som Gud har givet os hver især (Romerbrevet 12:3). Når vi hører budskabet og tager imod Jesus Kristus, er vores tro så lille som et sennepsfrø. Hvis vi fortsætter med flittigt at deltage i gudstjenester, høre Guds ord og leve ved det, så bliver vi så meget mere retfærdige. Desuden vil de tegn, som ledsager folk, der tror, med sikkerhed ledsage os, når vores tro vokser sig stærk.

Når man beder for helbredelse af syge, må der være spirituel tro indlejret i bønnen. Officeren, som beskrives i Matthæusevangeliet 8, havde en tjener, der var blevet lammet og led forfærdeligt. Men han troede på, at tjeneren ville blive helbredt ved et enkelt ord fra Jesus, og sådan gik det (Matthæusevangeliet 8:5-13).

Når vi beder for de syge, må vi desuden være frimodige i troen og undlade at tvivle, for som Guds ord siger: "*Men han skal bede i tro, uden at tvivle; for den, der tvivler, er som en bølge på havet, der rejses og brydes af vinden. Det menneske skal ikke bilde sig ind, at det får noget af Herren*" (Jakobsbrevet 1:6-7).

Gud glæder sig over en stærk og fast tro, som ikke svinger frem og tilbage, og når vi forener os i kærlighed for at bede for en syg med tro, vil Guds gerning blive endnu større. For sygdom er et resultat af synd, og Gud er Herren, der læger os (Anden Mosebog 15:26), når vi bekender vores synder for hinanden og beder for hinanden, og han tilgiver os og helbreder os.

Når man beder med spirituel tro og i spirituel kærlighed, vil man opleve Guds store gerning, blive vidne om vor Herres kærlighed og ære ham.

2. Den retfærdiges effektive og kraftfulde bøn

Ifølge ordbogen er et retfærdigt menneske en som "handler

i overensstemmelse med en guddommelig eller moralsk lov, fri fra skyld eller synd." Men i Romerbrevet 3:10 står der: *"Der er ingen retfærdig, ikke en eneste."* Og Gud siger: *"For det er ikke dem, som hører loven, der er retfærdige for Gud, men de, som gør loven, vil blive gjort retfærdige"* (Romerbrevet 2:13). Og *"For af lovgerninger bliver intet menneske retfærdigt over for ham; det, der kommer ved loven, er jo syndserkendelse"* (Romerbrevet 3:20).

Synden kom ind i verden gennem Adam, det første menneske, som ved sin ulydighed bragte utallige mennesker til dom gennem sin første synd (Romerbrevet 5:12, 18). Guds retfærdighed er blevet manifesteret gennem loven, og retfærdigheden kommer til alle, som tror, gennem Jesus Kristus (Romerbrevet 3:21-23).

For denne verdens "retfærdighed" forandrer sig fra generation til generation, og kan derfor ikke være en sand standart. Men Gud er uforanderlig, og hans retfærdighed er den sande standart.

Derfor står der i Romerbrevet 3:28: *"For vi mener, at et menneske gøres retfærdigt ved tro, uden lovgerninger."* Vi sætter ikke loven ud af kraft ved troen, men gør netop loven gældende (Romerbrevet 3:31).

Når vi bliver retfærdige ved troen, må vi bære hellighedens frugter ved at blive sat fri fra synd og bliver trælle for Gud. Vi må stræbe mod at blive retfærdige i sandhed ved at skille os af med alle usandheder, som bryder Guds ord, og leve ved ham, som er

Den retfærdiges bøn · 73

sandheden selv.

Gud erklærer folk for "retfærdige", når deres tro ledsages af gerninger, og de kæmper for at leve ved hans ord dag efter dag, og manifesterer hans gerninger som svar på deres bøn. Hvordan kunne Gud svare et menneske, som tager til gudstjeneste, men som har skilt sig fra ham med en mur af synd, og som er ulydig overfor sine forældre, skændes med sine brødre, og begår overtrædelser.

Gud gør den retfærdiges bøn kraftfuld og giver ham styrke til at bede, for dette menneske adlyder Guds ord og bærer beviset på sin kærlighed til Gud med sig.

I Lukasevangeliet 18:1-18 ser vi lignelsen om den vedholdende enke. Denne enke bringer sin sag for en dommer, som ikke er gudfrygtig og ikke respekterer andre mennesker. Selv om dommeren er uretfærdig, ender han med at hjælpe enken, for han siger til sig selv: *"Selv om jeg ikke frygter Gud og er ligeglad med mennesker, vil jeg dog hjælpe denne enke til hendes ret, fordi hun volder mig besvær; ellers ender det vel med, at hun kommer og slår mig i ansigtet."*

Som kommentar til denne lignelse siger Jesus: *"Hør, hvad den uretfærdige dommer siger! Skulle Gud så ikke skaffe sine udvalgte deres ret, når de råber til ham dag og nat? Lader han dem vente? Jeg siger jer: Han vil skaffe dem ret, og det snart"* (Lukasevangeliet 18:7-8).

Hvis vi kigger os omkring, vil vi dog se mennesker, som påstår at være Guds børn, beder dag og nat, faster ofte og alligevel ikke får nogen svar. Sådanne mennesker må indse, at de endnu ikke er blevet retfærdige i Guds øjne.

I Filipperbrevet 4:6-7 står der: *"Vær ikke bekymrede for noget, men bring i alle forhold jeres ønsker frem for Gud i bøn og påkaldelse med tak. Og Guds fred, som overgår al forstand, vil bevare jeres hjerter og tanker i Jesus Kristus."* Alt efter i hvor høj grad man er blevet "retfærdig" i Guds øjne og beder i tro og kærlighed, vil man få Guds svar. Hvis man er et retfærdigt menneske og beder, kan man hurtigt få Guds svar og forherlige ham gennem det. Det er derfor vigtigt at nedrive den mur af synd, som skiller os fra Gud, opnå retfærdighed i Guds øjne og bede oprigtigt i tro og kærlighed.

3. Gaver og kraft

"Gaver" fra Gud gives frit, og de henviser til specielle gerninger i Guds kærlighed. Jo mere man beder, jo mere vil man ønsker at modtage Guds gaver. Men til tider kan man dog også bede om Guds gaver af bedragerisk begær. Dermed påkalder man sig ødelæggelse, og det er ikke rigtigt i Guds øjne, så det skal man vare sig for.

I Apostlenes Gerninger 8 ser vi en mand ved navn Simon,

Den retfærdiges bøn · 75

som udøvede magi. Da han havde hørt budskabet fra Filip, fulgte han ham over alt, og var forbløffet over de store tegn og gerninger, han så (vers 9-13). Da Simon så at Helligånden blev givet ved håndspålæggelse af Peter og Johannes, tilbød han dem penge og sagde: "*Giv også mig den magt, at den, jeg lægger hænderne på, får Helligånden*" (vers 17-19). Men Peter irettesatte Simon som svar: "*Gid dit sølv må forgå og du selv med, når du tror, at du kan købe Guds gave for penge. Du har hverken lod eller del i denne sag, for dit hjerte er ikke oprigtigt overfor Gud. Omvend dig derfor fra din ondskab, og bed Herren om, at du må få tilgivelse for det, dit hjerte pønser på, for jeg ser, at du er fuld af gift og galde og lænket i uretfærdighed*" (vers 20-23).

Gaverne gives til de mennesker, som vidner om den levende Gud og frelser menneskeheden, og de må gives under Helligåndens vejledning. Så før vi beder Gud om hans gaver, må vi stræbe mod at blive retfærdige i hans øjne.

Når vores sjæle har trivedes godt, og vi har formet os selv som instrumenter, der er nyttige for Gud, lader han os bede om gaver med Helligåndens inspiration, og giver os de gaver, vi beder om.

Vi ved, at vores forfædre i troen blev brugt af Gud til en række formål. Nogle manifesterede Guds kraft, andre profeterede uden at manifestere kraft, og endnu andre underviste kun. Jo mere fuldkommen deres tro og kærlighed var, jo større kraft fik de af Gud, og jo større gerninger kunne de manifestere.

Da Moses var prins i Egypten, var hans temperament så voldsomt, at han slog en egypter ihjel, fordi han havde behandlet en af israelitterne dårligt (Anden Mosebog 2:12). Men efter mange prøvelser blev Moses et ydmygt menneske, mere sagtmodig end nogen anden på jorden, og han fik stor kraft. Han bragte israelitterne ud af Egypten ved at manifestere en lang række tegn og undere (Fjerde Mosebog 12:3).

Vi kender også effekten af bønnerne fra profeten Elias, som er omtalt i Jakobsbrevet 5:17-18: *"Elias var et menneske under samme kår som vi, og han bad en bøn om, at det ikke måtte regne, og det regnede ikke i landet i tre år og seks måneder; og han bad igen, og himlen gav regn, og jorden lod sin afgrøde vokse frem."*

Som vi har set, og som Bibelen fortæller os, er den retfærdiges bøn kraftfuld og effektiv. Den retfærdige har en helt særlig styrke og kraft. Der er nogle former for bøn, som ikke hjælper folk med at få svar fra Gud, selv om de beder i utallige timer, men der er også bønner, som har stor styrke og påkalder svar og manifestationer af hans magt. Gud glæder sig over at modtage bønner med tro, kærlighed og offervilje, og han lader folk forherlige ham gennem de gaver og den kraft, han giver dem.

Men vi kan ikke være retfærdige fra starten af; det er først, når vi tager imod Jesus Kristus, at vi bliver retfærdige ved troen. Vi bliver retfærdige i den grad, vi bliver opmærksomme på synden ved at lytte til hans ord, skille os af med usandheder og få vores sjæl til at trives. Desuden vil vi blive retfærdige i den udstrækning, vi går i lyset og retfærdigheden. Hver dag i vort liv må forandres ved Gud, sådan at vi kan sige ligesom apostelen Paulus: *"Hver dag dør jeg"* (Første Korintherbrev 15:31).

Jeg tilskynder læserne til hver især at se tilbage på deres liv indtil dette punkt for at se, om der er en mur af synd mellem dem selv og Gud, og hvis der er det, må den rives ned uden forsinkelser.

Må I hver især være lydige ved troen, ofre jer i kærlighed og bede som retfærdige mennesker, sådan at I vil opnå retfærdighed, få Guds velsignelser i hvad som helst I foretager jer, og forherlige Gud uden forbehold. Det beder jeg om i vor Herres navn!

Kapitel 6

Bøn i enighed har stor kraft

Jeg siger jer også:
Alt, hvad to af jer her på jorden bliver enige om at bede om,
det skal de få af min himmelske fader.
For hvor to eller tre er forsamlet i mit navn,
dér er jeg midt iblandt dem.

Matthæusevangeliet 18:19-20

1. Gud modtager bønner i enighed med glæde

Der findes et koreansk ordsprog, som siger, at der er bedst at løfte sammen, selv om det kun drejer sig om et stykke papir. I stedet for at isolere sig og forsøge at gøre alt selv, vil man som dette gamle mundheld siger, opnå bedre resultater og højere effektivitet, hvis man er to eller flere, der samarbejder. Kristendommen understreger kærlighed til næsten, og kirkens menighed bør være et godt eksempel på dette.

I Prædikerens Bog 4:9-12 står der: *"Hellere to end en, de får god løn for deres slid. For hvis de falder, kan den ene hjælpe den anden op. Men ve den, der er alene! Hvis han falder, er der ingen anden til at hjælpe ham op. Og når to ligger sammen, kan de holde varmen, men hvordan får man varmen, når man er alene? Den, der er alene, tvinges i knæ, men to kan holde stand. Tretvundet snor brister ikke så let."* Disse vers viser os, at når folk forener sig og samarbejder, vil der skabes stor kraft og glæde.

På samme måde fortæller Matthæusevangeliet 18:19-20 os, hvor vigtigt det er for troende at forenes og bede i enighed. Der er individuelle bønner, hvorved folk kan bede for deres egne problemer eller meditere over ordet, men bønner i enighed, hvor flere personer samles for at råbe til Gud, er noget andet.

Som Jesus fortæller os: "Hvis to af jer bliver enige" og "hvor to eller tre er forsamlet i mit navn." Bøn i enighed henviser til at de, som beder, har det samme sind. Gud fortæller os, at han glædes over at modtage bønner i enighed, og han lover os, at han vil gøre alt, vi beder ham om, og være tilstede blandt os, når bare to eller tre forsamles i Herrens navn.

Hvordan kan vi forherlige Gud med svar, vi får fra ham gennem bøn i enighed i hjemmet, kirken, eller i vores menighedsgruppe? Lad os se nærmere på betydningen af og metoderne til at bede i enighed, og gøre kraften til vores brød, sådan at vi kan få alt fra Gud, mens vi beder for hans rige, retfærdighed og kirke til hans herlighed.

2. Betydningen af bøn i enighed

I det vers, dette kapitel er baseret på, fortæller Jesus os: *"Jeg siger jer også: Alt, hvad to af jer her på jorden bliver enige om at bede om, det skal de få af min himmelske fader"* (Matthæusevangeliet 18:19). Her ser vi noget, som er lidt besynderligt. I stedet for at henvise til ét menneskets bøn, eller tre, eller "to og flere", taler Jesus helt specifikt om "to af jer her på jorden."

De "to" som der henvises til, står her for hver af os "jeg" og andre mennesker. Med andre ord kan "to af jer" henvise til en selv samt én anden, ti andre, hundrede andre eller tusind andre.

Så hvad er den spirituelle betydning af "to af jer"? Vi har hver især vores "selv" og inden i os hviler Helligånden, som har sin egen karakter. Som der står i Romerbrevet 8:26: *"Og også Ånden kommer os til hjælp i vores skrøbelighed. For hvordan skal vi bede, og hvad skal vi bede om, ved vi ikke. Men Ånden selv går i forbøn for os med uudsigelige sukke."* Helligånden selv går i forbøn for os, og gør vores hjerte til et tempel, som den kan tage bolig i.

Vi modtager den autoritet, vi har ret til som Guds børn, når vi tror på ham og tager imod Jesus som vores frelser. Helligånden kommer og genopliver vores ånd, som har været død på grund af arvesynden. Derfor har hvert af Guds børn både deres eget hjerte og Helligånden, som har sin egen karakter.

"To af jer her på jorden" betyder at bede af eget hjerte og af ånden, hvilket er Helligåndens forbøn (Første Korintherbrev 14:15; Romerbrevet 8:26). Når man siger "alt, hvad to mennesker her på jorden bliver enige om at bede om", betyder det, at de to bønner stiger op til Gud i enighed. Når Helligånden forener sig med et eller flere mennesker i bøn, er det for at få bønnen til at skabe enighed.

Vi må huske vigtigheden af at bede i enighed, hvis vi vil opleve opfyldelsen af Herrens løfte: *"Jeg siger jer også: Alt, hvad to af jer her på jorden bliver enige om at bede om, det skal de få af min himmelske fader"* (Matthæusevangeliet 18:19).

3. Metoder til at bede i enighed

Gud glæder sig over at modtage bøn i enighed. Han besvarer hurtigt sådanne bønner og manifesterer sin store gerning, fordi folk beder til ham af ét og samme hjerte.

Det vil helt sikkert være en kilde til overvældende glæde, fred og uendelig forherligelse af Gud, hvis Helligånden og vi hver især beder af samme hjerte. Vi vil blive i stand til at påkalde "flammende svar" og bære vidnesbyrd om den levende Gud uden forbehold. Men det er ikke en let opgave et have "ét og samme hjerte", og det har en meget væsentlig implikation at bringe vores hjerter til enighed.

Lad os forestille os, at en tjener har to herrer. Vil det ikke helt naturligt splitte hans loyalitet og tjenstvillighed? Og problemet bliver endnu mere alvorligt, hvis tjenerens to herrer har forskellige personligheder.

Eller lad os forestille os to mennesker, som samarbejder om at planlægge en begivenhed. Hvis de ikke når til enighed, og i stedet bliver ved med at fastholde hver deres, vil det ende med, at tingene går galt. Og hvis de to arbejder mod hvert deres mål, kan det måske se ud som om, planlægningen går godt, men udfaldet vil være mindre heldigt. Evnen til at have ét og samme hjerte er derfor nøglen til at opnå Guds svar, uanset om man beder alene, med et andet menneske eller med to eller flere.

Så hvordan kan vi være enige af hjertet? Folk, som beder i enighed, må bede med Helligåndens inspiration. De må lade sig fange af Helligånden, blive ét med den, og bede i den (Efeserbrevet 6:18). For Helligånden har Guds sind i sig og ransager alt, selv Guds dybder (Første Korintherbrev 2:10). Og den går i forbøn for os i overensstemmelse med Guds vilje (Romerbrevet 8:27). Når vi beder, sådan som Helligånden fører os til at bede, vil Gud glæde sig over at modtage vores bøn, og han vil give os hvad som helst, vi beder om, selv vort hjertes ønsker.

For at kunne bede i Helligåndens fylde, må vi tro på Guds ord uden at tvivle, adlyde i sandheden, glæde os til hver en tid, og være taknemmelige under alle omstændigheder. Vi må også kalde på Gud af hjertets grund. Når vi viser Gud en tro, der er ledsaget af gerninger, og kæmper i vores bønner, vil Gud glæde sig og give os glæde gennem Helligånden. Det er det, der henvises til, når man taler om at blive "fyldt med" eller "inspireret af" Helligånden.

Mennesker, som er nye i troen, eller som ikke har bedt regelmæssigt, har endnu ikke modtaget troens kraft, og de kan derfor synes, at det er vanskeligt eller besværligt at bede. Hvis disse mennesker forsøger at bede i en time, vil de typisk forsøge at opfinde alle muligt emner at bede om, og alligevel vil de ikke kunne holde til det. De bliver trætte og udmattede, venter uroligt på at tiden skal gå, og ender med at vrøvle. Denne form for bøn er "sjælens bøn", og den kan Gud ikke svare på.

Mange mennesker beder stadig af sjælen, selv om de måske har gået i kirke i mere end et årti. De fleste af de mennesker, som beklager sig og mister modet over ikke at modtage Guds svar, er slet ikke i stand til at opnå svar, fordi de beder i sjælen. Det betyder dog ikke, at Gud vender ryggen til dem. Nej, han hører deres bøn, han kan bare ikke besvare den.

Nogle vil måske spørge: "Betyder det så, at det er nytteløst at bede, hvis vi beder uden Helligåndens inspiration?" Det er dog ikke tilfældet. Selv om man kun beder i tankerne, vil bønnens porte åbnes, når man flittigt kalder på Gud, og man vil få bønnens kraft og begynde at bede i ånden. Uden bøn kan bønnens porte ikke åbnes. For Gud lytter til selv sjælens bøn, og når først bønnens porte åbnes, vil man forenes med Helligånden, bede med dens inspiration, og få de svar, man har bedt om indtil da.

Lad os forestille os en søn, som ikke behager sin far. Da han ikke behager sin far med sine handlinger, kan han heller ikke få noget af det, han beder sin far om. Men en dag begynder sønnen at opføre sig sådan, som faren ønsker, og faren glæder sig. Hvordan vil han så behandle sønnen? Deres forhold har ændret sig, og det er ikke længere, som det tidligere har været. Faren ønsker nu at give sønnen alle de ting, han tidligere har bedt om, og sønnen vil derfor få mange gode gaver.

På samme måde vil vi få bønnens kraft, selv om vi kun har

bedt i tankerne, hvis bare der er tale om en stor mængde bønner. Så vil vi begynde at bede på en måde, som behager Gud, i takt med at bønnens porte åbnes for os. Vi vil få alt det, vi tidligere har bedt Gud om, og vi vil dermed se, at han ikke har ignoreret selv den mindste lille del af vores bøn.

Når vi beder i ånden i Helligåndens fylde, vil vi desuden ikke blive trætte eller bukke under for søvn eller verdslige tanker, men i stedet bede i tro og glæde. Dermed kan en hel gruppe mennesker bede i enighed, for de beder i ånd og kærlighed med samme sind og samme vilje.

I anden del af de vers, dette kapitel er baseret på, står der: *"For hvor to eller tre er forsamlet i mit navn, dér er jeg midt iblandt dem"* (Matthæusevangeliet 18:20). Når folk forsamles for at bede i Jesu Kristi navn, beder Guds børn, som har modtaget Helligånden, helt grundlæggende i enighed, og vor Herre vil helt sikkert være der sammen med dem. Med andre ord vil vor Herre holde øje med hver enkelt persons sind, forene dem i Helligånden og føre dem til at have samme sind, sådan at deres bøn behager Gud, når de alle har modtaget Helligånden og beder i enighed.

Men hvis en gruppe mennesker ikke kan forsamles og have ét og samme hjerte, vil de ikke være i stand til at bede i enighed, eller de vil bede af én deltager hjerte, selv om de beder med samme mål, for gruppens deltagere er ikke nået til enighed af hjertets grund. Hvis gruppen ikke kan forenes i hjertet, må dens leder sørge for at der bruges tid på lovsigelse og anger, sådan at de kan blive én i Helligånden.

Vor Herre vil være med de mennesker, der beder, når de bliver én i Helligånden, og han vil holde øje med hver og en, og føre deres hjerter. Men når folk ikke beder i enighed, så er det forståeligt, at Herren ikke kan være med disse mennesker.

Hvis folk forener sig i Helligånden og beder i enighed, vil de alle bede, af hjertets grund, blive fyldt men Helligånden, begynde at svede, og opnå sikkerhed om Guds svar idet de indhyldes i et pust glæde fra oven. Vor Herre vil være med de mennesker, som beder på denne måde, og disse bønner vil i høj grad glæde og behage Gud.

Jeg håber, at læserne hver især vil få alt, I beder om og dermed forherlige Gud, når I forsamles med andre i menigheden, i hjemmet eller i kirken for at bede i enighed i Helligåndens fylde og af hjertets grund.

Bøn i enighed har stor kraft

Nogle af fordelene ved bøn i enighed er den hastighed, hvormed folk får svar fra Gud, og den form for gerning, han manifesterer. Der er eksempelvis drastisk forskel på mængden af bøn, når et enkelt menneske beder 30 minutter, eller når ti mennesker bede 30 minutter om samme emne. Når folk beder i enighed, og Gud modtager deres bøn med glæde, vil de opleve en uanfægtelig manifestation af Guds gerning gennem deres bøns store kraft.

I Apostelens Gerninger 1:12-15 ser vi, at efter at vor Herre genopstod og opsteg til himlen, forsamledes en gruppe mennesker inklusiv disciplene konstant for at bede. Der var tale om en gruppe på omkring 120 personer. Disse menneske samledes for at bede i enighed i oprigtig forhåbning om at få Helligånden, som Jesus havde lovet dem, og de fortsatte indtil pinsedag.

Da pinsedagen kom, var de alle forsamlet. Og med ét kom der fra himlen en lyd som af et kraftigt vindstød, og den fyldte hele huset, hvor de sad. Og tunger som af ild viste sig for dem, fordelte sig og satte sig på hver enkelt af dem. Da blev de alle fyldt af Helligånden, og de begyndte at tale på andre tungemål, alt efter hvad Ånden indgav dem at sige (Apostlenes Gerninger 2:1-4).

Hvor forunderlig er ikke Guds gerning? Mens de bad i enighed, kom Helligånden til hver og en af de 120 mennesker, som var forsamlet, og de begyndte at tale i andre tungemål. Apostlene fik også stor kraft fra Gud, sådan at der var næsten tre tusind mennesker, som tog imod Jesus Kristus gennem Peters budskab og blev døbt (Apostlenes Gerninger 2:41). Da alle former for undere og mirakuløse tegn blev manifesteret gennem apostlene, steg antallet af troende dag for dag, og de troendes liv begyndte at forandre sig (Apostlenes Gerninger 2:43-47).

Men da de [folkets ledere, de ældste og skriftkloge] så Peters og Johannes' frimodighed og blev klar over, at de var jævne og ulærde mænd, undrede de sig; de vidste, at de havde været sammen med Jesus, og da de så den helbredte mand, der stod sammen med dem, kunne de ikke tage til genmæle (Apostlenes Gerninger 4:13-14).

Ved apostlenes hænder skete der mange tegn og undere blandt folket. Og alle holdt de i enighed til i Salomos Søjlegang. Ingen af de andre turde slutte sig til dem, men folket værdsatte dem meget. Dog føjedes der stadig flere og flere til, som troede på Herren, mænd og kvinder i stort tal. Ja, man bar tilmed syge mennesker ud på gaderne og lagde dem på senge og bårer, for at blot skyggen af Peter måtte falde på dem, når han kom forbi. Også fra byerne i Jerusalems omegn kom der en mængde mennesker med syge og med folk, der var plaget af urene ånder, og de blev alle helbredt (Apostlenes Gerninger 5:12-16).

Det var kraften fra bøn i enighed, der gjorde apostlene i stand til frimodigt at prædike ordet, helbrede de blinde, krøblingerne, og de svage, genoplive de døde, helbrede alle former for sygdom, og uddrive de onde ånder.

Det følgende er en fortælling om Peter, som var fængslet under Herodes' herredømme, hvor forfølgelsen af kristne var markant. I Apostlenes Gerninger 12:5 ser vi: *"Peter blev derfor holdt fængslet, men i menigheden blev der utrætteligt bedt til Gud for ham."* Peter var lagt i to lænker, og mens han lå og sov, bad menigheden i enighed for ham. Da Gud hørte menighedens bøn, sendte han en engel for at redde Peter. Det var natten før Herodes ville stille Peter for retten. Peter sov mellem to soldater, og der var vagter ved døren (Apostlenes Gerninger 12:6). Men Gud manifesterede sin magt ved at løse lænkerne om hans hænder og få fængslets jernport til at gå op af sig selv (Apostelens Gerninger 12:7-10). Han kom til det hus, der tilhørte Maria, som var mor til Johannes med tilnavnet Markus, og dér så han, at mange mennesker havde forsamlet sig for at bede for ham (Apostlenes Gerninger 12:12). Denne mirakuløse gerning var resultatet af menighedens bøn i enighed.

Det eneste, menigheden gjorde for den fængslede Peter, var at bede i enighed. På samme måde må Guds børn have tillid til, at Gud vil løse problemerne, og de må forsamles med samme sind for at bede i enighed, når der er problemer i kirken, eller når andre troende bliver ramt af sygdom. De bør ikke forsøge at anvende menneskelige tænkemåder og metoder eller bekymre sig og blive fortvivlede.

Gud udviser stor interesse for menighedens bøn i enighed. Han glæder sig over den og besvarer disse bønner med sine mirakuløse gerninger. Så vi kan forestille os, i hvor høj grad Gud glæder sig, når hans børn beder for hans rige og retfærdighed!

Hvis folk bliver fyldt af Helligånden og beder i ånden, når de forsamles for at bede i enighed, vil de opleve Guds store gerning. De vil få kraft til at leve ved Guds ord, bære vidnesbyrd om den levende Gud på samme måde som de tidlige kirker og apostlene, øge Guds rige og få alt, hvad de beder om.

Husk endelig, at Gud har lovet os, at han vil besvare vores bønner, når vi beder og bønfalder i enighed. Må læserne hver især forstå vigtigheden af bøn i enighed og flittigt mødes med andre, som beder i Jesu Kristi navn, sådan at I selv vil opleve den store kraft ved bøn i enighed, modtage bønnens kraft og blive en dyrebar medarbejder, som vidner om den levende Gud. Det beder jeg om i vor Herres navn!

Kapitel 7

Bed uophørligt, og giv ikke op

Han fortalte dem en lignelse om,
at de altid skulle bede og ikke blive trætte.

Han sagde: "I en by var der en dommer,
som ikke frygtede Gud og var ligeglad med mennesker.
I samme by var der en enke,
og hun kom gang på gang til ham og sagde:
Hjælp mig med at få min ret overfor min modpart!
Længe ville han ikke, men til sidst sagde han til sig selv:
Selv om jeg ikke frygter Gud og er ligeglad med mennesker,
vil jeg dog hjælpe denne enke til hendes ret,
fordi hun volder mig så meget besvær;
ellers ender det vel med, at hun kommer og slår mig i ansigtet."

Og Herren sagde: "Hør, hvad den uretfærdige dommer siger!
Skulle Gud så ikke skaffe sine udvalgte deres ret,
når de råber til ham dag og nat?
Lader han dem vente?
Jeg siger jer: Han vil skaffe dem ret, og det snart.

Lukasevangeliet 18:1-8

1. Lignelsen om den vedholdende enke

Når Jesus belærte folkemængden om Guds ord, talte han ofte til dem i lignelser (Markusevangeliet 4:33-34). Lignelsen om den vedholdende enke, som dette kapitel er baseret på, fortæller os, hvor vigtigt det er at være vedholdende i bøn, og at vi altid skal bede uden ophør og uden at give op.

Hvor vedholdende beder vi hver især for at få Guds svar? Holder vi pauser i vores bønner, eller opgiver vi, fordi vi endnu ikke har fået svar fra Gud?

Der er utallige problemer i livet, både store og små. Når vi forkynder for folk og fortæller dem om den levende Gud, er der nogen, der begynder at gå i kirke for at løse deres problemer, og andre, som kun søger fred i hjertet.

Uanset af hvilke årsager folk begynder at gå i kirke, vil de lære, at de som Guds børn kan få alt, hvad de beder om, og forandres til bedende mennesker, når de tilbeder Gud og tager imod Jesus Kristus.

Så alle Guds børn må gennem hans ord lære, hvilken form for bøn, der behager ham, hvordan man beder i overensstemmelse med bønnens essens, og hvordan man får tro til at holde fast og bede, indtil man modtager frugten af Guds svar. Det er derfor, troende mennesker er opmærksomme på bønnens vigtighed og beder vanemæssigt. De begår ikke den synd at undlade at bede, selv om de ikke får svar lige med det samme. I stedet for at opgive, beder de endnu mere ihærdigt.

Det er kun med en sådan tro, folk kan få Guds svar og forherlige ham. Men selv om folk hævder at tro, er det svært at finde folk, der virkelig sætter deres lid til Gud. Der er derfor, vor Herre beklagende siger: *"Men når menneskesønnen kommer, mon han så vil finde troen på jorden?"* (Lukasevangeliet 18:8)

I en by var der en uretfærdig dommer, og der var en enke, som blev ved med at komme og bede ham: "Hjælp mig med at få min ret overfor min modpart." Den korrupte dommer forventede at få bestikkelse, men den fattige enke havde ikke råd til at give dommeren selv den mindste lille ting. Alligevel blev hun ved med at komme til ham og bede om hjælp, selv om han afviste hendes anmodning. Så en dag skiftede han mening. Og hvordan kunne det være? Lad os se, hvad den uretfærdige dommer sagde til sig selv:

> *"Selv om jeg ikke frygter Gud og er ligeglad med mennesker, vil jeg dog hjælpe denne enke til hendes ret, fordi hun volder mig besvær; ellers ender det vel med, at hun kommer og slår mig i ansigtet!"*
> (Lukasevangeliet 18:4-5)

Enken gav ikke op, men blev ved med at komme til dommeren med sin forespørgsel, så selv denne onde dommer måtte bøje sig for hendes ønsker, fordi hun voldte ham besvær.

Sidst i denne lignelse giver Jesus os nøglen til at få svar fra

Bed uophørligt, og giv ikke op · 97

Gud. Han siger konkluderende: *"Hør, hvad den uretfærdige dommer siger! Skulle Gud så ikke skaffe sine udvalgte deres ret, når de råber til ham dag og nat? Lader han dem vente? Jeg siger jer: Han vil skaffe dem ret, og det snart."* Hvis selv en uretfærdig dommer lytter til en enkes bøn, hvordan kan den retfærdige Gud så undlade at svare, når hans børn kalder på ham? Hvis de har brug for at få løst et bestemt problem hurtigt og bliver oppe hele natten for at kæmpe i bøn, hvordan kan Gud så undlade at svare dem med det samme? Jeg er sikker på, at mange af jer har hørt om tilfælde af at folk har fået svar under perioder med bøn af denne art.

I Salmernes Bog 50:15 siger Gud til os: *"Råb til mig på nødens dag, så vil jeg udfri dig, og du skal ære mig."* Med andre ord er det Guds intention, at vi skal ære ham ved at modtage svar på vores bønner. Jesus minder os om følgende i Matthæusevangeliet 7:11: *"Når da I, som er onde, kan give jeres børn gode gaver, hvor meget snarere vil så ikke jeres fader, som er i himlene, give gode gaver til dem, der beder ham!"* Hvordan skulle Gud, som uden forbehold har givet os sin enbårne Søn til at gå i døden for os, undlade at besvare hans elskede børns bønner? Gud ønsker at give hurtige svar til hans børn, som elsker ham.

Så hvorfor er der så mange mennesker, som siger, at de ikke får svar fra ham, selv om de beder? Guds ord fortæller os udtrykkeligt i Matthæusevangeliet 7:7-8: *"Bed, så skal der gives jer; søg, så skal I finde; bank på, så skal der lukkes op for jer. For enhver, som beder, får; og den, som søger, finder; og den, som banker på, lukkes der op for."* Det er derfor umuligt at vores bøn ikke bliver besvaret. Men hvis der er en mur mellem os selv og Gud, fordi vi ikke har bedt nok, eller fordi tiden endnu ikke er kommet til at vi kan få vores svar, er han ikke i stand til at besvare vores bønner.

Vi skal altid bede uden at give op, for når vi holder ved og beder med tro, vil Helligånden ødelægge den mur, som skiller os fra Gud, og åbne vejen til Guds svar gennem anger. Når mængden af vores bønner er tilstrækkelig i Guds øjne, vil han med sikkerhed besvare os.

I Lukasevangeliet 11:5-8 belærer Jesus os igen om vedholdenhed og påtrængenhed:

> *Hvis en af jer har en ven og midt om natten går hen til ham og siger: Kære ven, lån mig tre brød, for en ven af mig er kommet rejsende, og jeg har ikke noget et byde ham, og han så svarer derindefra: Spar mig for det besvær! Døren er allerede låst, og mine børn og jeg selv er gået i seng. Jeg kan ikke stå op og give dig noget – jeg siger jer: Selv om han ikke står op og giver ham noget for venskabs skyld, vil han dog på grund af hans påtrængenhed rejse sig og give ham, hvad han har brug for.*

Jesus lærer os, at Gud ikke er afvisende, men giver svar, når hans børn er påtrængende. Når vi beder til Gud, må vi bede med frimodighed og vedholdenhed. Det betyder ikke, at man kræver, men at man beder og bønfalder med den sikkerhed, som troen giver. Bibelen viser flere gange, hvordan troens forfædre fik svar på sådanne bønner.

Efter at Jakob havde kæmpet med en engel ved Jabboks vadested indtil daggry, bad han oprigtigt og inderligt om velsignelse med ordene: *"Jeg slipper dig ikke, før du velsigner mig"* (Første Mosebog 32:26), og Gud lod Jakob velsigne. Fra da af blev Jakob kaldt "Israel", og han blev forfader til israelitterne.

I Matthæusevangeliet 15 ser vi en kana'anæisk kvinde, hvis datter led under dæmonbesættelse. Hun kom til Jesus og råbte: *"Forbarm dig over mig, Herre, Davids søn! Min datter plages slemt af en dæmon."* Men Jesus svarede hende ikke med et ord (Matthæusevangeliet 15:22-23). Til disciplene sagde han: *"Jeg er ikke sendt til andre end til de fortabte får af Israels hus"* (Matthæusevangeliet 15:25-26), og han afviste dermed hendes forespørgsel. Da kastede hun sig ned foran ham og bønfaldt ham: *"Jo, Herre, for de små hunde æder da af de smuler, som falder fra deres herres bord."* Og Jesus svarede hende: *"Kvinde, din tro er stor. Det skal ske dig, som du vil"* (Matthæusevangeliet 15.27-28).

Vi må på samme måde følge i fodsporene på forfædrene i troen i overensstemmelse med Guds ord og bede uden ophør.

Og vi skal bede med tro, sikkerhed og et brændende hjerte. Ved troen vil Gud lade os høste på det rette tidspunkt, og vi må være sande følgere af Kristus i vores bønneliv uden at give op.

2. Vi skal bede uden ophør

På samme måde som menneske ikke kan leve uden at trække vejret, kan Guds børn, som har fået Helligånden, heller ikke opnå det evige liv uden at bede. Bøn er en dialog med den levende Gud, og det er åndens vejrtrækning. Hvis Guds børn, som har fået Helligånden, ikke kommunikere med Gud, vil de slukke Helligåndens ild, og så vil de ikke længere være i stand til at gå på livets sti, men i stedet komme på afveje mod døden, og i sidste ende vil de ikke kunne opnå frelse.

Men når vi gennem bønnen etablere en kommunikation med Gud, vil vi opnå frelse, fordi vi hører Helligåndens stemme og lærer at leve efter Guds vilje. Selv om der er problemer i sigte, vil Gud vise os, hvordan vi kan udgå dem. Han vil arbejde for altings bedste. Gennem bønnen vil vi også opleve den almægtige Gud, som styrker os til at overvinde den fjendtlige djævel. Derved vil vi forherlige ham med en fast tro, som vil gøre det umulige muligt.

Bibelen fortæller os, at vi skal bede uden ophør (Første Thessalonikerbrev 5:17), og at dette er "Guds vilje" (Første Thessalonikerbrev 5:18). Jesus viste os et eksempel på bøn ved at bede uden ophør og i overensstemmelse med Guds vilje uanset tid og sted. Han bad i ørkenen, på bjerget og mange andre steder, og han bad ved daggry og om natten.

Vores forfædre i troen levede ved Guds vilje ved at bede uden ophør. Profeten Samuel fortæller os følgende: *"Jeg vil da heller aldrig begå den synd mod Herren at holde op med at gå i forbøn for jer. Jeg vil vise jer den gode og rette vej"* (Første Samuelsbog 12:23). Det er Guds vilje og befaling, at vi skal bede, og Samuel fortæller os, at det er en synd at undlade at gøre det.

Når vi undlader at bede eller holder pause i vores bønneliv, kan verdslige tanker infiltrere vores sind og hindre os i at leve efter Guds vilje. Så vil vi komme ud for problemer, fordi vi ikke længere har Guds beskyttelse. Og når folk så falder ind i fristelse, brokker de sig overfor Gud, eller kommer endnu mere på afveje fra ham.

Derfor påmindes vi i Første Petersbrev 5:8-9: *"Vær årvågne og på vagt! Jeres modstander, Djævelen, går omkring som en brølende løve og leder efter nogen at sluge; stå ham imod, faste i troen, I ved jo, at de samme lidelser rammer jeres brødre her i verden."* Vi tilskyndes til at bede uden ophør. Så lad os ikke kun bede, når vi har problemer, men til hver en tid, sådan at vi kan være Guds velsignede børn, for hvem alt i livet går godt.

3. Vi vil høste, når tiden er inde

I Galaterbrevet 6:9 står der: *"Lad os ikke blive trætte af at gøre det, som er ret; vi skal til sin tid høste, blot vi ikke giver op."* Det samme gælder for bøn. Når vi beder uden ophør i overensstemmelse med Guds vilje, vil vi høste, når tiden er inde. Hvis en bonde bliver utålmodig hurtigt efter såningen, og begynder at grave frøene op af jorden, eller hvis han ikke passer de små planter, hvad vil han så få ud af høsten? Det er nødvendigt at bede med hengivenhed og vedholdenhed, indtil vi får svar på vores bønner.

Desuden skal forskellige planter høstes til forskellige tid. Nogle frø bærer frugter på få måneder, mens andre kan tage flere år. Grøntsager og korn høstes hurtigere end æbler eller sjældne urter såsom ginseng. Hvis man vil have helt særlige og dyrebare afgrøder, må der investeres en større mængde tid og hengivenhed.

På samme måde er det nødvendigt at bede mere, når man beder for store og alvorlige problemer. Da Profeten Daniel havde en åbenbaring angående Israels fremtid, sørgede han i tre uger og bad. Gud hørte Daniels bøn den første dag og sendte en engel for at vise profeten, at hans bøn var blevet hørt (Daniels Bog 10:12). Men da fyrsten over luftens kraft holdt engelen tilbage i enogtyve dage, kom den først til Daniel på den sidste dag, og først da fik Daniel besked (Daniels Bog 10:13-14).

Hvad ville der være sket, hvis Daniel havde opgivet og var holdt op med at bede? Selv om han blev fortvivlet og mistede sin styrke efter at have set synet, pressede ham på med sine bønner, og fik i sidste ende Guds svar.

Når vi holde fast ved troen og beder indtil vi får Guds svar, giver han os en hjælper og fører os til svaret. Det var derfor, den engel, som bragte Guds svar til Daniel, sagde til ham: *"Fyrsten over perserriget har stået mig imod i enogtyve dage, men Mikael, en af de fornemste fyrster, kom mig til hjælp, da jeg var ladt tilbage dér hos Persiens konger. Og nu er jeg kommet for at få dig til at forstå, hvad der skal ske med dit folk ved dagenes ende. For også dette syn gælder de dage"* (Daniels Bog 10:13-14).

Hvilke former for problemer beder vi for? Beder vi på en måde, som når Guds trone? Daniel ydmygede sig for at forstå det syn, Gud havde givet ham. Han spiste ingen lækker mad, hverken kød eller vin kom ind i hans mund, og han salvede sig ikke, før de tre uger var ovre (Daniels Bog 10:3). Da han ydmygede sig på denne måde gennem tre uger, hørte Gud hans bøn og svarede ham allerede på den første dag.

Men vi må være opmærksomme på, at selv om Gud hørte Daniels bøn og besvarede den allerede første dag, så tog det tre uger for svaret at nå frem til profeten. Mange mennesker forsøger at bede en dag eller to, når de har alvorlige problemer, men de giver hurtigt op. Denne handlemåde vidner om deres liden tro. Det, som vores generation har allermest brug for i dag, er at sætte sin lid til Gud, som helt sikkert vil svare os. Vi må holde ved og bede, uanset hvornår Guds svar når os. Hvordan kan vi forvente at få Guds svar, når vi ikke er vedholdende?

Gud giver os regn, efterårsregn og forårsregn, til rette tid, og han sikrer os uger, som er bestemt til høst (Jeremias' Bog 5:24). Jesus sagde til os: *"Derfor siger jeg jer: Alt, hvad I beder og bønfalder om, det skal I tro, at I har fået, og så får I det"* (Markusevangeliet 11:24). Daniel troede på, at Gud ville besvare hans bøn, så han holdt fast og tog ikke nogen pauser fra sin bøn, før han modtog sit svar.

Bibelen fortæller os at: *"Tro er fast tillid til det, der håbes på, overbevisning om det, der ikke ses"* (Hebræerbrevet 11:1). Hvis nogen har opgivet at bede, fordi han endnu ikke har fået Guds svar, så må han ikke tro, at han har sand tro, eller at han vil få svar. Hvis han har sand tro, vil han ikke dvæle ved de aktuelle omstændigheder, men i stedet bede kontinuerligt uden at give op. Det skyldes, at han tror på at Gud, som lader os høste, som vi sår og giver os gengæld for det, vi har gjort, vil besvare ham med sikkerhed.

Som der står i Efeserbrevet 5:7-8: *"Gør derfor ikke fælles sag med dem! For engang var I mørke, men nu er I lys i Herren; lev som lysets børn."* Må I hver især have sand tro, være vedholdende i bøn til den almægtige Gud, få hvad som helst I beder om og leve et liv fuldt af Guds velsignelser. Det beder jeg om i vor Herre Jesu Kristi navn!

Forfatteren:
Dr. Jaerock Lee

Dr. Jaerock Lee blev født i Muan, Jeonnam provinsen, i den koreanske republik i 1943. Da han var i tyverne, led han af en række uhelbredelige sygdomme syv år i træk, og ventede på døden uden håb om bedring. En dag i foråret 1974 tog hans søster ham dog med i kirke, og da han knælede for at bede, helbredte den Levende Gud straks alle hans sygdomme.

Fra det øjeblik, hvor Dr. Lee mødte den Levende Gud gennem denne vidunderlige oplevelse, elskede han Gud oprigtigt af hele sit hjerte, og i 1978 blev han kaldet som Guds tjener. Han bad indtrængende om klart at forstå og opfylde Guds vilje, og adlød alle Guds bud. I 1982 grundlagde han Manmin Centralkirke i Seoul, Korea, og siden da har utallige af Guds gerninger fundet sted i denne kirke, inklusiv mirakuløse helbredelser og undere.

I 1986 blev Dr. Lee ordineret som pastor ved den årlige forsamling for Jesu Sungkyul kirke i Korea, og fire år senere i 1990 begyndte hans prædikener at blive udsendt til Australien, Rusland, Filippinerne og mange andre steder gennem det Fjernøstlige Udsendelsesselskab, Asiatisk Udsendelsesstation og Washington Kristne Radio.

Tre år senere i 1993 blev Manmin Centralkirke placeret på Top 50 for kirker over hele verden af magasinet *Christian World* i USA, og Dr. Lee modtog et æresdoktorat i guddommelighed fra Fakulteter for Kristen Tro i Florida, USA, og i 1996 en Ph.D i præsteembede fra Kingsway Teologiske Seminar, Iowa, USA.

Siden 1993 har Dr. Lee været en førende person i verdensmissionen gennem mange oversøiske kampagner i USA, Tanzania, Argentina,

Uganda, Japan, Pakistan, Kenya, Filippinerne, Honduras, Indien, Rusland, Tyskland, Peru, Congo, Israel, og Estland og i 2002 blev han kaldt en "verdensomspændende pastor" af en større kristen avis i Korea på grund af hans mange oversøiske kampagner.

Siden Januar 2017 har Manmin Centralkirke været en menighed med mere end 120.000 medlemmer. Der er 11.000 inden og udenrigs søsterkirker over hele kloden, og der er indtil videre udsendt mere end 102 missionærer til 23 lande, inklusiv USA, Rusland, Tyskland, Canada, Japan, Kina, Frankrig, Indien, Kenya og mange flere.

Indtil nu har Dr. Lee skrevet 106 bøger, blandt andet bestsellerne *En Smagsprøve på Det Evige Liv før Døden; Mit Liv, Min Tro (I) & (II); Budskabet fra Korset; Målet af Tro; Himlen I & II; Helvede* og *Guds Kraft* og hans værker er blevet oversat til mere end 75 sprog.

Hans kristne artikler er udsendt i *Hankook Ilbo, JoongAng Daily, Dong-A Ilbo, Chosun Ilbo, Hankyoreh Shinmun, Seoul Shinmun, Kyunghyang Shinmun, The Korea Economic Daily, The Korea Herald, Shisa News* og *The Christian Press.*

Dr. Lee er for øjeblikket leder af mange missionsorganisationer og foreninger, blandt andet bestyrelsesformand for Jesus Kristus Forenede Hellighedskirke, Grundlægger og bestyrelsesformand for det Globale Kristne Netværk (GCN), Grundlægger og Bestyrelsesformand for Verdensnetværket af Kristne Læger (WCDN) og Grundlægger og Bestyrelsesformand for Manmin Internationale Seminar (MIS).

Andre stærke bøger af samme forfatter

Himlen I & II

En detaljeret skitse af det prægtige liv som de himmelske borgere vil nyde, og en beskrivelse af forskellige niveauer af himmelske riger.

Budskabet fra Korset

En stærk vækkelsesbesked til alle menneske, som sover i spirituel forstand. I denne bog vil du se årsagen til, at Jesus er den eneste Frelser, og fornemme Guds sande kærlighed.

Helvede

En indtrængende besked til hele menneskeheden fra Gud, som ikke ønsker at en eneste sjæl skal falde i helvedes dyb! Du vil opdage en redegørelse, som aldrig før er blevet offentliggjort, over de barske realiteter i Hades og helvede.

Mit Liv, Min Tro I & II

En velduftende spirituel aroma, som er et ekstrakt af den uforlignelige kærlighed til Gud, som blomstrede op midt i mørke bølger, under det tungeste åg og i den dybeste fortvivlelse.

Målet af Tro

Hvilken slags himmelsk bolig og hvilken slags krans og belønninger er blevet gjort klar i himlen? Denne bog giver visdom og vejledning til at måle sin tro, og kultivere den bedste og mest modne tro.

www.urimbooks.com

www.ingramcontent.com/pod-product-compliance
Lightning Source LLC
LaVergne TN
LVHW041854070526
838199LV00045BB/1600